Schritte
international NEU 3+4
Niveau A2

Deutsch als Fremdsprache
Kursbuch

Silke Hilpert
Daniela Niebisch
Sylvette Penning-Hiemstra
Angela Pude
Franz Specht

Hueber Verlag

Beratung:
Oliver Bayerlein, Nagoya
Ádám Kovács-Gombos, Budapest
Christian Roll, Lima
Helga Lucía Valdraf, Monterrey

unter Mitarbeit von:
Katja Hanke

Foto-Hörgeschichte:
Darsteller: Philip Krause, Bayram Celik, Constanze Fennel, Marget Flach,
Astrid Dorothea Hasse, Marie-Anne Lechelmayr, Alexander Merola,
Alvaro Ritter, Kirsten Schneider u. a.
Fotograf: Matthias Kraus, München

| 3. | 2. | 1. | | | Die letzten Ziffern |
| 2021 | 20 | 19 | 18 | 17 | bezeichnen Zahl und Jahr des Druckes. |

Alle Drucke dieser Auflage können, da unverändert,
nebeneinander benutzt werden.
1. Auflage
© 2017 Hueber Verlag GmbH & Co. KG, München, Deutschland
Umschlaggestaltung: Sieveking · Agentur für Kommunikation, München
Zeichnungen: Jörg Saupe, Düsseldorf
Gestaltung und Satz: Sieveking · Agentur für Kommunikation, München
Druck und Bindung: Firmengruppe APPL, aprinta druck GmbH, Wemding
Printed in Germany
ISBN 978–3–19–101084–3

Art. 530_16022_001_01

Aufbau

Symbole und Piktogramme

Kursbuch

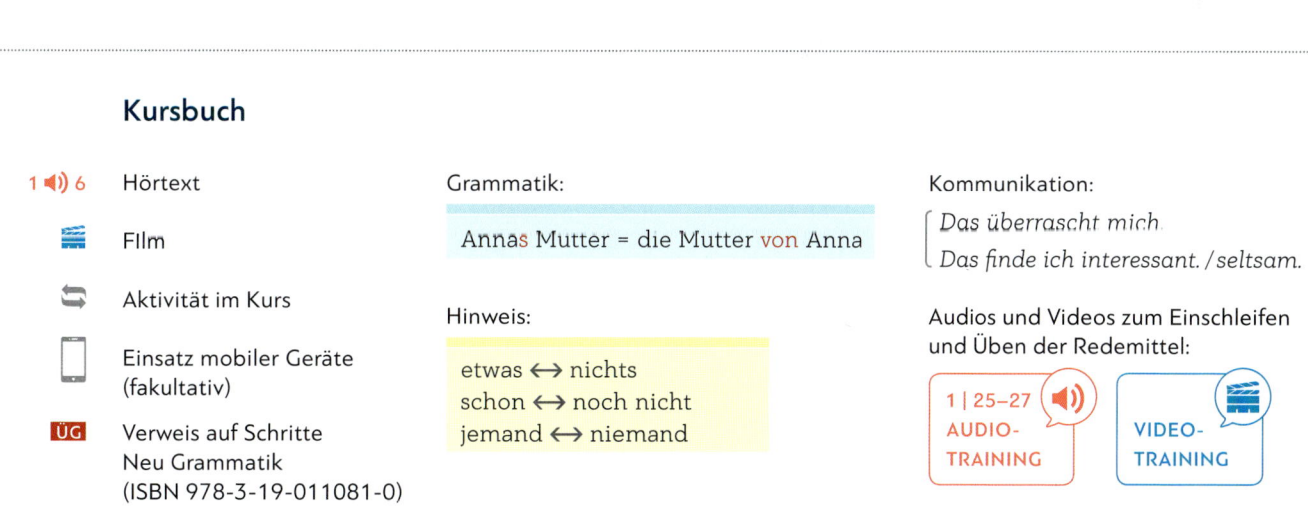

1 ◀)) 6   Hörtext

🎬   Film

🔄   Aktivität im Kurs

📱   Einsatz mobiler Geräte (fakultativ)

ÜG   Verweis auf Schritte Neu Grammatik (ISBN 978-3-19-011081-0)

Grammatik:

Annas Mutter = die Mutter von Anna

Hinweis:

etwas ↔ nichts
schon ↔ noch nicht
jemand ↔ niemand

Kommunikation:

Das überrascht mich.
Das finde ich interessant. / seltsam.

Audios und Videos zum Einschleifen und Üben der Redemittel:

1 | 25–27 ◀)) **AUDIO-TRAINING**

🎬 **VIDEO-TRAINING**

Inhaltsverzeichnis **Kursbuch**

D	E	Wortfelder	Grammatik
Familie und Verwandte · über die Familie berichten	**Wohn- und Lebensformen** · von Wohn- und Lebensformen erzählen	· Familie und Familien-mitglieder · Wohn- und Lebensformen	· Konjunktion *weil: Ich bin traurig, weil ich hier keinen Menschen kenne.* · Perfekt der trennbaren Verben: *hat kennengelernt, ...* · Perfekt der nicht-trennbaren Verben: *hat erlebt, hat bemerkt, ...* · Perfekt der Verben auf *-ieren: ist passiert, hat telefoniert, ...* · Namen im Genitiv: *Annas Mutter* · Präposition *von: die Mutter von Anna*
Zusammen leben · Gespräche mit Nachbarn führen · um Hilfe bitten	**Müll vermeiden** · ein Radiointerview verstehen · über ein Experiment sprechen	· Wohnung · Zusammen-leben im Mietshaus · Müll	· Wechselpräpositionen: *auf den Tisch – auf dem Tisch, ...* · Verben mit Wechselpräpositionen: *stellen – stehen, legen – liegen, ...* · Direktionaladverbien: *hierhin, dahin, dorthin, rein, raus, runter, ...*
In der Kantine · ein Interview verstehen	**Essen gehen** · Gespräche im Restaurant führen	· Geschirr · Essen und Mahlzeiten · im Restaurant	· Indefinitpronomen im Nominativ und Akkusativ: *Hier ist einer. Ich möchte einen.*
Zufriedene Mitarbeiter · ein Zeitungs-interview verstehen	**Arbeit und Freizeit** · einen Sachtext verstehen · über Arbeit und Freizeit sprechen	· Arbeit und Freizeit · Arbeitssuche · Betrieb/Firma · Hotel	· Konjunktion *wenn: Ich kann Ihnen kein Zimmer geben, wenn Sie keine Bestätigung haben.* · Konjunktiv II: *sollten: Du solltest Detektiv werden.*
Anmeldung beim Betriebssport · sich beim Betriebssport anmelden und nach Informati-onen fragen	**Aktiv bleiben** · eine Informa-tionsbroschüre verstehen · die Meinung sagen	· Sport und Sportarten · Gesundheit und Fitness	· reflexive Verben: *sich bewegen, sich ausruhen, ...* · Verben mit Präpositionen: *warten auf, sich treffen mit, ...* · Fragewörter und Präpositionaladverbien: *Worauf? – Darauf.*
Aus- und Weiterbildung · Aus- und Weiterbildungs-angebote verstehen	**Mein Traumberuf** · Forumstexte zu Traumberufen verstehen · über Berufs-wünsche sprechen	· Schule und Schularten · Schulfächer · Ausbildung und Beruf	· Präteritum der Modalverben: *musste, konnte, ...* · Konjunktion *dass: Es ist wichtig, dass man einen guten Schulabschluss hat.*
Geschenke · Meinungen und Vorlieben ausdrücken · Wichtigkeit ausdrücken	**Ein Fest planen** · von Festen erzählen · Feste planen	· Geschenke · Hochzeit · Feste	· Dativ als Objekt: *meinem Mann, meiner Nachbarin, ...* · Stellung der Objekte: *Dimi empfiehlt es ihm.* · Präposition *von* + Dativ: *von meinem Kollegen*

Inhaltsverzeichnis **Kursbuch**

D	E	Wortfelder	Grammatik
Wochenendaktivitäten und Veranstaltungen • einen Veranstaltungskalender verstehen	**Veranstaltungstipps** • Veranstaltungstipps in Anzeigen und im Radio verstehen	• Freizeitaktivitäten • am Wochenende • Wünsche und Pläne	• Konjunktiv II: *wäre, hätte, würde, könnte* • Konjunktion *trotzdem*: *Morgen habe ich eine Prüfung. Trotzdem lerne ich nicht.*
Interviews im Radio • eine Statistik ergänzen • Gespräche über das Kaufen verstehen • über das eigene Kaufen sprechen	**Meine Lieblingssachen** • einen Text über persönliche Gegenstände verstehen	• Gegenstände und Materialien • Kaufen • Vorlieben und Wichtigkeit	• Adjektivdeklination *indefiniter Artikel: ein neuer Laden, einen neuen Laden, ...* • Komparation: *groß – größer – am größten* • Vergleichspartikel *als, wie: lieber als, genauso gern wie ...* • Wortbildung Adjektive: *-los → arbeitslos...*
Kontakt und Kommunikation • Ein Quiz zu Gewohnheiten in Deutschland • eine Kursstatistik zum Thema Kommunikation erstellen	**Kommunikation und Beruf** • Informationen über einen Beruf verstehen	• auf der Post • Kommunikation und Medien	• Adjektivdeklination *definiter Artikel: der grüne Schal, den grünen Schal, dem grünen Schal, ...* • Passiv – Präsens: *Das wird reingeschrieben.* • Frageartikel: *Was für ein ...?* • Wortbildung Adjektive *un-: interessant → uninteressant* • Wortbildung Nomen *-ung: senden → die Sendung*
Bei jedem Wetter unterwegs • Verkehrsnachrichten und Berichte über das Wetter verstehen	**Verkehr** • einen Text über Verkehrsmittel verstehen • über Verkehr in der Heimat berichten	• Wegbeschreibungen • Verkehr • Wetter	• lokale Präpositionen *aus, von, an ... vorbei, bis zu, durch, ... entlang, gegenüber, über, um ... herum* • Konjunktion *deshalb: Tommy mag Tiger. Deshalb möchte er in den Zoo gehen.* • Wortbildung Adjektive *-bar, -ig, -isch: brauchen → brauchbar, das Eis → eisig, der Sturm → stürmisch*
Nachrichten schreiben • Einladungen per Kurznachricht verstehen • jemanden per Kurznachricht zu sich einladen	**Eine Urlaubsreise planen** • ein Gespräch über eine Reise verstehen • eine Reise planen	• Reisen und Reisen buchen • Reiseziele • Aktivitäten im Urlaub	• lokale Präpositionen *an, auf, in: am Meer – ans Meer, auf dem Land – aufs Land, in den Bergen – in die Berge* • Adjektivdeklination *ohne Artikel: Hotel mit günstigen Zimmern, ...* • modale Präposition *ohne: ohne lauten Verkehr* • temporale Präpositionen *von ... an, über: von Oktober an, über eine Stunde Aufenthalt*
Leben ohne Geld • eine Reportage verstehen • etwas beurteilen	**Rund ums Geld** • Gespräche zum Thema „Geld" verstehen • ein Gespräch zum Thema „Geld" schreiben	• Bank • Bankgeschäfte • Dienstleistungen	• indirekte Fragen mit Fragepronomen *was, wo ...: Wissen Sie noch, was ich gesagt habe?* • indirekte Fragen bei Ja-/Nein-Fragen: *Weißt du, ob man hier in Raten zahlen kann?* • Verb *lassen: Sie lässt ihr Konto prüfen.*
Kosenamen • einen Text über Kosenamen verstehen	**Ich würde gern ... machen.** • über Wünsche und Träume sprechen	• ich und andere • Urlaub und Freizeit • Wünsche und Träume	• Wiederholung Perfekt und Präteritum: *Gestern war ein schöner Tag! Ich bin ganz früh aufgestanden.* • Wiederholung Satzverbindungen mit *wenn, weil, dass* • Wiederholung Konjunktiv II: *Du solltest, Ich hätte gern ...* • Wiederholung Wortbildung Adjektive *-bar, -ig, -los, un-* • Wiederholung Wortbildung Komposita, Nomen *-er, -in, -ung* • Diminutiv: *-chen*

Vorwort

Liebe Leserinnen, liebe Leser,

mit *Schritte international Neu* legen wir Ihnen ein komplett neu bearbeitetes Lehrwerk vor, mit dem wir das jahrelang bewährte und erprobte Konzept von *Schritte international* noch verbessern und erweitern konnten. Erfahrene Kursleiterinnen und Kursleiter haben uns bei der Neubearbeitung beraten, um *Schritte international Neu* zu einem noch passgenaueren Lehrwerk für die Erfordernisse Ihres Unterrichts zu machen. Wir geben Ihnen im Folgenden einen Überblick über Neues und Altbewährtes im Lehrwerk und wünschen Ihnen viel Freude in Ihrem Unterricht.

Schritte international Neu ...

- führt Lernende ohne Vorkenntnisse in 3 bzw. 6 Bänden zu den Sprachniveaus A1, A2 und B1.
- orientiert sich an den Vorgaben des Gemeinsamen Europäischen Referenzrahmens.
- bereitet gezielt auf die Prüfungen *Start Deutsch 1* (Stufe A1), *Start Deutsch 2* (Stufe A2), das *Goethe-Zertifikat* (Stufe A2 und B1) und das *Zertifikat Deutsch* (Stufe B1) vor.
- bereitet die Lernenden auf Alltag und Beruf vor.
- eignet sich besonders für den Unterricht mit heterogenen Lerngruppen.
- ermöglicht einen zeitgemäßen Unterricht mit vielen Angeboten zum fakultativen Medieneinsatz (verfügbar im Medienpaket sowie im Lehrwerk-service und abrufbar über die *Schritte international Neu*-App).

Der Aufbau von Schritte international Neu
Kursbuch
Lektionsaufbau:

- Einstiegsdoppelseite mit einer rundum neuen Foto-Hörgeschichte als thematischer und sprach-licher Rahmen der Lektion (verfügbar als Audio oder Slide-Show) sowie einem Film mit Alltagssitu-ationen der Figuren aus der Foto-Hörgeschichte
- Lernschritte A–C: schrittweise Einführung des Stoffs in abgeschlossenen Einheiten mit einer klaren Struktur

- Lernschritte D+E: Trainieren der vier Fertigkeiten Hören, Lesen, Sprechen und Schreiben in authen-tischen Alltagssituationen und systematische Erweiterung des Stoffs der Lernschritte A–C
- Übersichtsseite Grammatik und Kommunikation mit Möglichkeiten zum Festigen und Weiterlernen sowie zur aktiven Überprüfung und Automatisie-rung des gelernten Stoffs durch ein Audiotraining und ein Videotraining sowie eine Übersicht über die Lernziele
- eine Doppelseite „Zwischendurch mal ..." mit spannenden fakultativen Unterrichtsangeboten wie Filmen, Projekten, Spielen, Liedern etc. und vielen Möglichkeiten zur Binnendifferenzierung

Arbeitsbuch
Lektionsaufbau:

- abwechslungsreiche Übungen zu den Lernschritten A–E des Kursbuchs
- Übungsangebot in verschiedenen Schwierigkeits-graden, zum binnendifferenzierten Üben
- ein systematisches Phonetik-Training
- ein systematisches Schreibtraining
- Tipps zu Lern- und Arbeitstechniken
- Aufgaben zur Mehrsprachigkeit
- Aufgaben zum Selbstentdecken grammatischer Strukturen (Grammatik entdecken)
- Aufgaben zur Prüfungsvorbereitung
- Selbsttests am Ende jeder Lektion zur Kontrolle des eigenen Lernerfolgs der Teilnehmer
- fakultative berufsorientierte Fokusseiten

Anhang:

- Lernwortschatzseiten mit Lerntipps, Beispielsätzen und illustrierten Wortfeldern
- Grammatikübersicht

Außerdem finden Sie im Lehrwerkservice zu *Schritte international Neu* vielfältige Zusatzmaterialien für den Unterricht und zum Weiterlernen.

Viel Spaß beim Lehren und Lernen mit *Schritte international Neu* wünschen Ihnen

Autoren und Verlag

Die erste Stunde im Kurs

1 Stellen Sie sich vor: Wie heißen Sie?

2 Lesen Sie die Texte und verbinden Sie.

A

Tim
Lara

- ist Polin/Pole.
- ist Kanadierin/Kanadier.
- hat eine neue Arbeit in einem Hotel.
- kennt Tim aus dem Deutschkurs.
- zieht in eine neue Stadt um.

> *Hallo! Mein Name ist Tim Wilson. Ich komme aus Ottawa. Das ist die Hauptstadt von Kanada. Dort leben auch meine Eltern und mein Bruder. Ich bin schon fast ein Jahr hier in Deutschland. Ich habe einen Sprachkurs gemacht und mein Deutsch verbessert. Jetzt habe ich eine Stelle an der Rezeption in einem Hotel bekommen und ziehe gerade um. Neue Stadt, neues Glück. Leider kenne ich dort noch keine Leute. Aber das wird schon ... hoffe ich.*

B

> *Ich bin Lara Nowak und komme aus Polen. Tim habe ich in der Sprachenschule kennengelernt. Ich mag ihn, er ist nett und lustig. Wir haben viel miteinander gelacht. Nun geht jeder seinen eigenen Weg. Na ja, so ist das Leben. Zum Glück gibt's das Internet!*

3 Arbeiten Sie zu zweit.
Fragen Sie Ihre Partnerin / Ihren Partner und ergänzen Sie den Fragebogen.

> *Woher kommst du?*

Vorname: ....
Name: ....
Heimatland: ....
Sprachen: ....
Hobbys: ....
Beruf: ....

4 Im Kurs: Stellen Sie Ihre Partnerin / Ihren Partner vor.

> *Das ist Hah Sae-yun. Er kommt aus Korea und spricht ...*

Ankommen

Folge 1: Aller Anfang ist schwer.

1 Sehen Sie die Fotos an.

a Was meinen Sie? Was ist richtig? Kreuzen Sie an.

1 Tim ist ○ in Urlaub gefahren. ○ in eine andere Stadt gezogen.

2 Tim ist ○ glücklich. ○ traurig.

3 Tim findet die Wohnung ○ toll. ○ hässlich.

4 Tim ○ sieht sich Fotos von Lara an. ○ skypt mit Lara.

5 Wer sind die beiden anderen Personen im Supermarkt (Foto 5 und 6)?
○ Freunde ○ Nachbarn von Tim

6 Tim geht es nach dem Einkauf ○ besser. ○ nicht besser.

b Hören Sie und vergleichen Sie.

Tims Film

1 ◀)) 1–8 **2 Was ist richtig? Hören Sie noch einmal und kreuzen Sie an.**

a ○ Es hat geklappt: Tim hat im Hotel ein Zimmer für Mitarbeiter bekommen.
b ○ Von der Wohnung bis zum Hotel im Zentrum muss Tim vierzig Minuten fahren.
c ○ Tim hat das Gefühl: „Ich bin allein".
d ○ Im Supermarkt lernt Tim zwei Nachbarn kennen.
e ○ Betty und Paul haben nur noch drei Euro.
f ○ Die Nachbarn mögen keine Musik.

1 ◀)) 6 **3 Wer wohnt wo?**
Hören Sie noch einmal
und ordnen Sie zu.

1. Stock →

Erdgeschoss →

Betty und Paul   Tim

4 „Aller Anfang ist schwer."
Kennen Sie das? Erzählen Sie.

Ich bin gerade erst zum Studium nach Hamburg gekommen. Das ist schwer. Ich vermisse meine Freunde sehr.

A Ich bin traurig, **weil** ich …

A1 Verbinden Sie.

a Warum hast du kein Zimmer
im Hotel bekommen?

b Warum wohnst du so
weit draußen?

c Ich bin traurig,

weil ich hier keinen
Menschen kenne.

Weil dort im Moment kein
Zimmer frei ist.

Weil die Mieten im Zentrum
so teuer sind.

Konjunktion: *weil*	
Warum wohnst du so weit draußen?	Weil die Mieten im Zentrum so teuer sind.
Ich bin traurig,	weil ich hier keinen Menschen kenne.

A2 Lesen Sie und markieren Sie wie im Beispiel. Ergänzen Sie dann die Tabelle.

Hallo Tim. Wie geht es dir?

Na ja, nicht so toll.

Warum?

Weil ich hier ganz allein bin.
Weil ich nicht im Hotel wohnen kann.
Weil ich keine Freunde gefunden habe.
Und weil meine Eltern nicht anrufen.

Konjunktion: *weil*
Ich bin allein.
→ Weil ich allein _bin_ .
Ich kann … wohnen.
→ Weil ich … _wohnen_ _____.
Ich habe … gefunden.
→ Weil ich … _____.
Meine Eltern rufen nicht an.
→ Weil meine Eltern nicht _____.

1 ◀)) 9–13 ### A3 Wer zieht warum um?

Hören Sie, ordnen Sie zu und schreiben Sie die Sätze mit *weil* neu.

Ich möchte in Barcelona studieren. ~~Ich habe einen Job in Tokio gefunden.~~ Mein Arbeitgeber zieht um.
Ich habe eine Stuttgarterin geheiratet. Meine Familie und meine Freunde leben in Riga.

A *Weil ich einen Job in Tokio gefunden habe.*

D _____

B _____

E _____

C _____

A4 Arbeiten Sie zu dritt.

Schreiben Sie zwei Fragen mit *warum*.
Wer findet in drei Minuten am meisten Antworten mit *weil*?

> Warum ist Tim traurig?
> Warum bist du heute glücklich?

1 🔊 14 **B1 Ordnen Sie zu. Hören Sie dann und vergleichen Sie.**

| gesagt | eingekauft | kennengelernt |

◆ Ah, du hast _____! Lecker!
Und alles so gesund! ...

🔵 Ja, stimmt! Du, ich habe schon zwei
Nachbarn _____.

◆ Na! Was habe ich dir _____?

Perfekt: trennbare Verben

Ich habe schon zwei Nachbarn kennengelernt.

| kennen ✂ lernen | → | kennen**ge**lernt |
| ein ✂ kaufen | → | ein**ge**kauft |

B2 Was für ein Morgen!

a Lesen Sie den Eintrag in Tims Online-Tagebuch
und ordnen Sie die Bilder.

> Ich war gestern Abend nach dem Umzug sehr müde und
> **habe** nur noch ein paar Sachen **ausgepackt** und Lara
> angerufen. Meine Nachbarn haben laut Musik gehört, aber
> ich bin sofort eingeschlafen. Und so hat mein Tag heute
> angefangen: Zuerst habe ich heute Morgen den Wecker
> nicht gehört. Ich bin also zu spät aufgestanden. Dann bin
> ich auch noch in die falsche S-Bahn eingestiegen und habe
> es erst zwei Stationen später gemerkt. 😞
> Aber ich bin schließlich sogar noch pünktlich im Hotel
> angekommen.
>
> Oje, ich habe den Wecker auch schon oft nicht
> gehört. Aber zum Glück noch nie am ersten
> Arbeitstag! ☺

b Lesen Sie noch einmal und markieren Sie in a wie im Beispiel. Ergänzen Sie dann.

Perfekt: trennbare Verben				
...(e)t:	aus ✂ packen – hat *ausgepackt*			
...en:	an ✂ rufen – hat _____		ein ✂ schlafen – ist _____	
	an ✂ fangen – hat _____		auf ✂ stehen – ist _____	
	ein ✂ steigen – ist _____		an ✂ kommen – ist _____	

c Was ist Tim heute passiert?
Sprechen Sie mit Ihrer Partnerin / Ihrem Partner.

> *Zuerst hat Tim den Wecker nicht gehört.*

SCHON FERTIG? Kennen Sie noch andere
Wörter mit an-, auf-, aus-, ein- ?

zuerst – dann – später – schließlich

🔁 **B3 Wie war Ihr Tag gestern?**

a Schreiben Sie einen Tagebuch-Eintrag
und hängen Sie ihn im Kurs auf.

b Lesen Sie die Einträge und schreiben
Sie einen Kommentar.

> Mein Tag war ganz
> normal. Um fünf Uhr
> bin ich aufgestanden.
> Dann ...

> Oje, du bist aber
> früh aufgestanden! 😞

C So was **hast** du noch nicht **erlebt**!

1 ◀)) 15–17 **C1 Hören Sie und ordnen Sie zu.** | erlebt | passiert | verstanden |

A

B

C

◆ Ach, Lara! ...

○ Das klingt aber nicht gut. Was ist _____?

◆ So was hast du noch nicht _____! Hier, sieh mal.

▲ Ich hab's _____.

□ Was hast du verstanden?

Perfekt: Verben auf -*ieren*	nicht-trennbare Verben
Was ist passiert?	So was hast du noch nicht erlebt!
passieren → passiert	erleben → erlebt

auch so: be-, emp-, ent-, ge-, ver-, zer-, ...

C2 Pannen im Alltag

a Welche Nachrichten passen zusammen? Lesen Sie und ordnen Sie zu.

1 So ein Mist! Ich habe die S-Bahn verpasst, komme 20 Minuten zu spät!

A Wie peinlich! Aber warum hat er dich nicht gesehen? Hat er auch telefoniert?

2 Schatz, ich habe den Schlüssel vergessen und es jetzt erst bemerkt. Ab wann bist du zu Hause?

B Alles klar, bis dann!

3 Stell dir vor, Paul hat im Urlaub seine Geldbörse verloren. ☹

C Oje! Ich habe gerade erfahren: Heute muss ich lange arbeiten und kann erst ab 20 Uhr zu Hause sein. ☹

4 Du glaubst es nicht! Habe heute Morgen beim Gehen telefoniert und bin vor dem Büro mit meinem Chef zusammengestoßen ...

D So ein Pech! Mit Papieren und Kreditkarte?

Nachricht	1	2	3	4
Antwort	B			

b Lesen Sie noch einmal und markieren Sie in a wie im Beispiel. Ergänzen Sie dann.

verpassen – hat *verpasst*	bemerken – hat _____	verlieren – hat _____
vergessen – hat _____	erfahren – hat _____	telefonieren – hat _____

⇄ C3 Alltagspannen: Was haben Sie schon verloren, verpasst ...?

Machen Sie Notizen und erzählen Sie im Kurs.

◆ Ich habe letztes Jahr mein Handy im Zug vergessen.

○ Oje! Und was hast du dann gemacht?

◆ Ich habe bei der Bahn angerufen. Zum Glück ...

> Was? Handy im Zug vergessen
> Wann? letztes Jahr
> Was ist dann passiert? ...

> Stell dir vor, ... | Du glaubst es nicht! | So was hast du noch nicht erlebt!
> So ein Pech! | So ein Mist! | Wie peinlich! | Zum Glück ...
> Oje! Und was ist dann passiert? | Und was hast du dann gemacht?

D1 Annas Familie

1 🔊 18   **a** Hören Sie und ordnen Sie zu.

Bruder Cousine Neffe Nichte Onkel
Schwägerin Tante Vater ~~Mutter~~

Großeltern

Opa/
Großvater   Oma/
Großmutter

Hermann und Ingrid

Eltern

Stefan und Daniela   Annette und Martin

Mutter

Maria

Anna

Alexander

Julia

Esther

Luca

b Vergleichen Sie mit Ihrer Partnerin / Ihrem Partner.

◆ Wer ist Annette?
○ Annette ist Annas Mutter.

Namen im Genitiv = *von* + Dativ
Annas Mutter = die Mutter von Anna

1 🔊 19 **D2 Was ist richtig? Hören Sie weiter und kreuzen Sie an.**

a ○ Anna und Maria haben als Kinder oft zusammen gespielt.
b ○ Maria lebt in Dresden und studiert Musik.
c ○ Leon findet: Anna sieht sehr sympathisch aus.
d ○ Maria ist verheiratet.

🔁 **D3 Machen Sie Notizen und erzählen Sie. Zeigen Sie auch ein Foto.**

– Welches Familienmitglied ist besonders wichtig für Sie?
– Was haben Sie zusammen erlebt?
– Wie oft sehen Sie sie/ihn?
– Wo lebt sie/er?
– Was macht sie/er beruflich?
…

Lieblingscousin Aleko
…

Das ist mein Lieblingscousin Aleko. Wir haben oft …

E Wohn- und Lebensformen

E1 Im Mietshaus

a Wer wohnt wo? Was meinen Sie? Sprechen Sie. Hören Sie dann und vergleichen Sie.

• die Familie • das Ehepaar • die alleinerziehende Mutter
• die Wohngemeinschaft (WG) • der Single

> In der Dachwohnung wohnt ein Mann.
> Das ist wahrscheinlich der Single.

in der Dachwohnung
im ersten/zweiten/dritten Stock
im Erdgeschoss

b Was erzählen die Bewohner? Hören Sie noch einmal und verbinden Sie. Vergleichen Sie dann mit Ihrer Partnerin / Ihrem Partner.

1 Hristo Radev	aus Österreich kommen	studieren und jobben
2 Johanna, Franz und Maximilian Moser	aus verschiedenen Ländern kommen	jetzt allein wohnen und nicht mehr so viel Platz brauchen
3 Katrin Hauser	aus Bulgarien kommen	Wohnung sehr klein sein
4 Wolfgang und Gerda Böhm	getrennt leben	jetzt ein Zimmer mehr haben
5 Luisa, Alina und Patricia	drei Kinder haben	lange nach Wohnung gesucht haben

◆ Der Single heißt Hristo Radev und kommt aus Bulgarien.
○ Ja, genau und seine Wohnung ist sehr klein.

E2 Unser Viertel

a Lesen Sie und ordnen Sie die Personen (1–5) in E1a zu.

Von uns für uns – die Zeitung im Grünfelder Viertel

In unserem Viertel werden jeden Monat neue Häuser fertig. Vor einer Woche sind die Mieter in die Sonnenburger Straße 20 eingezogen. Lernen Sie sie kennen:

HRISTO RADEV

Ich bin 23 Jahre alt und wohne zum ersten Mal allein. Das ist noch ein biss-
5 chen komisch für mich. Zum Glück sind die Nachbarn im Haus sehr nett.
Meine Familie in Bulgarien ist groß und alle wohnen in einem Haus: meine
Eltern, meine Großeltern und auch mein Onkel mit seiner Familie. Das ist
toll, dort ist immer jemand da. Hier in Deutschland bin ich fast nie zu Hause.
Am Tag arbeite ich und abends soll ich ganz allein essen? Nein, das will ich
10 nicht. Ich treffe dann Freunde oder gehe zu meinem Bruder und seiner
Familie. Er wohnt gleich um die Ecke.

JOHANNA MOSER

Mein Mann und ich sind vor drei Monaten nach Deutschland gekommen, weil
mein Mann hier seinen Traumjob gefunden hat. Er ist Programmierer in einem
15 Software-Unternehmen. Ich bin Krankenschwester und habe hier auch schnell
eine neue Stelle gefunden. Es gefällt uns gut in Deutschland, vor allem jetzt
in der neuen Wohnung. Endlich hat unser Sohn sein eigenes Zimmer. Bald
möchten wir noch ein Kind. Dann wollen wir ein Haus auf dem Land kaufen.
In einem Dorf ist es einfach viel besser für Kinder.

20 ## KATRIN HAUSER

Ich bin mit meiner Tochter Ella in eine Zwei-Zimmer-Wohnung gezogen.
Das reicht uns, denn Ella ist oft auch bei ihrem Vater, und dann bin ich allein
hier. Wir teilen uns die Zeit: Eine Woche ist Ella bei mir, dann eine Woche
bei ihrem Vater. Dort hat sie ein eigenes Kinderzimmer. Ihr Vater wohnt nur
25 drei Straßen weiter. Das macht alles sehr einfach und Ella kommt auch von
dort gut zur Schule.

WOLFGANG BÖHM

Meine Frau Gerda und ich leben schon seit 35 Jahren in dieser Stadt. Bisher
haben wir in einem Hochhaus im 10. Stock gewohnt. Wir hatten vier Zimmer
30 und einen Balkon. Aber jetzt sind die Kinder groß. Alle sind ausgezogen und
wir brauchen nicht mehr so viel Platz. Die Zwei-Zimmer-Wohnung im Erdgeschoss mit Garten ist genau richtig. Wir mögen das Viertel sehr. Es ist schön
ruhig und es gibt viele Bäume.

LUISA BACH

35 Ich wohne in einer Wohngemeinschaft zusammen mit Alina und Patricia.
Jede von uns hat ihr eigenes Zimmer, aber die Küche und das Bad benutzen
wir gemeinsam. Wir teilen uns die Miete, das ist sehr günstig. Ich möchte
aber auch sonst nicht allein wohnen. Nun komme ich nach Hause und es ist
fast immer jemand da. Das mag ich sehr. Wir treffen uns normalerweise in
40 der Küche. Manchmal kochen wir am Abend zusammen und erzählen von
unserem Tag. Am Wochenende frühstücken wir zusammen. Das finde ich
besonders schön, das ist wie in einer Familie.

b Was ist richtig? Kreuzen Sie an.

1 ☒ Hristo Radev lebt nicht so gern allein.
2 ○ Frau Moser ist schwanger.
3 ○ Ella sieht ihren Vater nur noch
   selten, weil ihre Eltern getrennt leben.
4 ○ Wolfgang und Gerda Böhm brauchen mehr Platz, weil sie viele Kinder und Enkel haben.
5 ○ Luisa Bach wohnt in einer WG, weil sie die Miete teilen kann und weil sie nicht gern allein wohnt.

[SCHON FERTIG? Suchen Sie im Text Wörter zum Thema „Wohnen".

E3 Wie leben Ihre Freunde, Verwandten oder Nachbarn? Erzählen Sie.

seit … Jahren allein / getrennt / zusammen mit den Schwiegereltern / …
leben | seit … geschieden / verheiratet / ledig / Single / alleinerziehend sein
schwanger sein / ein Kind bekommen | (keine) Kinder haben / wollen
seit … berufstätig / in Rente / pensioniert / arbeitslos sein
seit … studieren / als … arbeiten
Das findet sie / er (nicht so) toll. | Das gefällt ihr / ihm (nicht).

Meine Freundin Mia wohnt in Dublin. Sie lebt noch bei ihren Eltern, aber sie ist oft bei ihrem Freund. Er wohnt in einer Wohngemeinschaft. …

Grammatik und Kommunikation

Grammatik

1 Konjunktion: *weil* ⓊⒼ 10.09

	Konjunktion	Ende
Ich bin traurig,	weil ich hier keinen Menschen	kenne.
	weil meine Eltern nicht	anrufen.
	weil ich keine Freunde	gefunden habe.
	weil ich nicht im Hotel	wohnen kann.
Warum wohnst du so weit draußen?		
	Weil die Mieten im Zentrum so teuer	sind.

2 Perfekt: trennbare Verben ⓊⒼ 5.05

	Präfix + ge...t/en
kennen⚋lernen ich lerne kennen	Ich habe schon zwei Nachbarn kennen**ge**lernt.
ein⚋kaufen du kaufst ein	Du hast ein**ge**kauft.
an⚋rufen ich rufe an	Ich habe Lara an**ge**rufen.

auch so: ab-, auf-, aus-, ...

3 Perfekt: Verben auf *-ieren* ⓊⒼ 5.05

		...iert: **ohne** -ge-!	
pass**ieren**	es passiert	Was ist	pass**iert**?
telefon**ieren**	ich telefoniere	Ich habe beim Gehen	telefon**iert**.

4 Perfekt: nicht-trennbare Verben ⓊⒼ 5.05

		Präfix + ...t/en: **ohne** -ge-!	
erleben	du erlebst	So was hast du noch nicht	er**lebt**!
bemerken	ich bemerke	Ich habe es jetzt erst	be**merkt**.
verstehen	ich verstehe	Ich habe es	ver**standen**.

auch so: be-, emp-, ent-, ge-, ver-, zer-, ...

5 Namen im Genitiv: *von* + Dativ ⓊⒼ 1.03

Anna**s** Mutter = die Mutter von Anna

Finden Sie für Klara in fünf Minuten möglichst viele Ausreden mit *weil*.

> *Klara, ich habe gestern zwei Stunden auf dich gewartet. Warum bist du nicht gekommen?*

> *Weil mein Hund krank war.*

ein⚋kaufen → ein**ge**kauft

an⚋kommen → an**ge**kommen

TiPP
Lernen Sie Wörter immer mit allen Formen und mit Beispielen.

> telefonieren, sie/er telefoniert, hat telefoniert:
> Ich habe gestern mit Laura telefoniert.

> erleben, sie/er erlebt, hat erlebt:
> So was hast du noch nicht erlebt!

Kommunikation

VON ALLTAGSPANNEN ERZÄHLEN: Wie peinlich!

Stell dir vor, ...

Du glaubst es nicht! | So was hast du noch nicht erlebt!

So ein Pech! | So ein Mist! | Wie peinlich! | Zum Glück ...

Oje! Und was ist dann passiert? | Und was hast du dann gemacht?

VON WOHN- UND LEBENSFORMEN ERZÄHLEN: Ich lebe seit ... allein.

seit ... Jahren allein / getrennt / zusammen mit den Schwiegereltern / ... leben

seit ... geschieden / verheiratet / ledig / Single / alleinerziehend sein

schwanger sein / ein Kind bekommen

(keine) Kinder haben / wollen

seit ... berufstätig / in Rente / pensioniert / arbeitslos sein

seit ... studieren / als ... arbeiten

ETWAS BEWERTEN: Das findet er toll.

Das findet sie / er (nicht so) toll.

Das gefällt ihr / ihm (nicht).

EINE AUSSAGE GLIEDERN: Zuerst hat Tim ...

Zuerst ...

Dann ...

Später ...

Schließlich ...

Was ist passiert? Wählen Sie eine Situation und schreiben Sie.

① *Stell dir vor, gestern bin ich um acht Uhr aus dem Haus gegangen und ...*

Sie möchten noch mehr üben?

1 | 25–27
AUDIO-
TRAINING

VIDEO-
TRAINING

Lernziele

Ich kann jetzt ...

A ... Gründe nennen: *Warum wohnst du so weit draußen? –*
Weil die Mieten im Zentrum so teuer sind. _____ ☹ ☺ 😊

B ... sagen: Das habe ich gestern/früher gemacht:
Ich bin zu spät aufgestanden. _____ ☹ ☺ 😊

C ... sagen: Das habe ich erlebt:
Ich habe die S-Bahn verpasst. _____ ☹ ☺ 😊

D ... von meiner Familie erzählen:
Das ist mein Lieblingscousin Aleko. _____ ☹ ☺ 😊

E ... von Wohn- und Lebensformen erzählen:
Meine Freundin Mia lebt noch bei ihren Eltern. _____ ☹ ☺ 😊

Ich kenne jetzt ...

... 8 Familienmitglieder:
der Onkel, ...
_____
_____

... 5 Wohn- oder Lebensformen:
die Großfamilie, ...
_____
_____

HÖREN

Sag doch mal was zum Thema „Ankommen"!

1 ◀)) 28–29   **1** Hören Sie die Interviews. Was erfahren Sie über die beiden Personen? Ergänzen Sie.

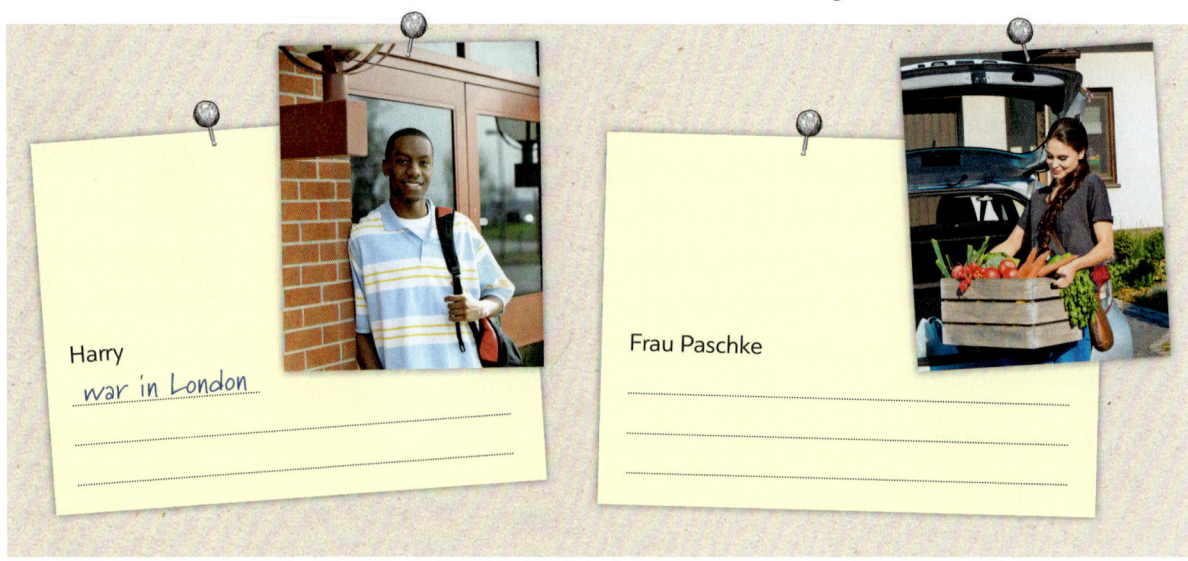

Harry
war in London
_____
_____

Frau Paschke
_____
_____
_____

2 Kurzinterviews zum Thema „Ankommen"

a Ihre Partnerin / Ihr Partner ist gerade von einer Reise zurückgekommen. Fragen Sie: „Wo warst du?"
und „Was hast du dort gemacht?" Notieren Sie die Antworten.

meine Tante / ... besuchen   ein Bewerbungsgespräch führen
die Stadt besichtigen   den Dom / ... fotografieren
eine Wohnung ansehen   meinen Cousin / ... treffen
mit Freunden / ... feiern   ein Museum / ... besuchen   ...

Wo warst du?

Ich war in Frankfurt
am Main.

Und was hast du
dort gemacht?

Ich habe das
Literaturhaus besucht.

Julio
- Frankfurt am Main
- Literaturhaus besucht

b Erzählen Sie im Kurs über Ihre Partnerin / Ihren Partner.

Julio war in Frankfurt am Main.
Er hat dort ein Museum besucht.

Das ist meine Familie.

Sehen Sie den Film an und ergänzen Sie Informationen zu den Familienmitgliedern.

Marie
21, Verkäuferin

A

Max

B

Paula

C

Jan

D

Helga

E

Magda

F

Manfred

G

Richard

H

Elisabeth

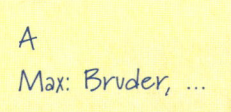

_A_
Max: Bruder, …

Familie? Wer ist denn das?

In Deutschland gibt es heute etwa acht Millionen Familien mit Kindern unter achtzehn Jahren. Etwas mehr als vierzehn Millionen Kinder leben in diesen Familien. Davon sind dreizehn Millionen „minderjährig", also noch keine achtzehn Jahre alt.

Aber wer lebt da zusammen? Wie sehen diese Familien aus? Neunundsechzig Prozent sind verheiratete Paare mit Kindern. Zehn Prozent sind Lebensgemeinschaften mit Kindern, das heißt: Die Eltern sind nicht

Familien mit Kindern unter 18 Jahren (in Prozent)

1996

heute

0   20   40   60   80   100

verheiratet. Zwanzig Prozent sind Alleinerziehende mit Kindern. Zum Vergleich: 1996 waren es noch einundachtzig Prozent Ehepaare mit Kindern. Nur fünf Prozent waren Lebensgemeinschaften mit Kindern und nur vierzehn Prozent Alleinerziehende mit Kindern.

1 Lesen Sie den Text. Welche Familienformen finden Sie? Ergänzen Sie.

A

1996: 81%
heute: _____

B

1996: 5%
heute: _____

C

1996: 14%
heute: _____

_____

Lebensgemeinschaften

_____

2 Lesen Sie noch einmal. Welche Zahlen sind für die Familienformen heute richtig? Ergänzen Sie in 1.

Zu Hause

Folge 2: Was man hat, das hat man.

1 Was ist richtig? Ordnen Sie zu.

A Glühbirnen ...

B Energiesparlampen ...

- Ⓐ brauchen viel Energie.
- ○ brauchen wenig Energie.
- ○ muss man heute benutzen.
- ○ kann man in der Europäischen Union nicht mehr kaufen.

1 ◀)) 30–37

2 Sehen Sie die Fotos an und lesen Sie die Fragen. Was meinen Sie? Sprechen Sie.
Hören Sie dann und vergleichen Sie.

Wer ist die Frau? Was ist ihr Problem? Kann Tim helfen? Warum hat sie so viele Glühbirnen?

1 ◀)) 30–37

3 Was ist richtig? Hören Sie noch einmal und kreuzen Sie an.

a Warum kann Frau Sicinski die Glühbirne nicht selbst wechseln?
  - ○ Weil sie an der Decke hängt – zu weit oben für Frau Sicinski.
  - ○ Weil sie keine Glühbirnen mehr hat.

b Warum kann man keine Glühbirnen mehr kaufen?
  - ○ Weil Glühbirnen nicht richtig hell werden.
  - ○ Weil Glühbirnen verboten sind.

c Was gibt Frau Sicinski Tim
zum Dank und warum?

 ○ Ohrenstöpsel, weil Betty und Paul so laut
Musik hören.
○ Nichts, weil Tim kein Geschenk möchte.

Tims Film

1 ◀) 37 **4 Wer wohnt wo? Hören Sie noch einmal und ordnen Sie zu.**

Betty und Paul ~~Tim~~ Frau Sicinski

_____

Tim _____

5 „Was man hat, das hat man."
Erzählen Sie: Was sammeln Sie?
Was haben Sie in großer Menge?

Ich habe ganz viele Kugelschreiber
zu Hause.

Ich sammle alte Kassetten.
Ich habe schon …

A Die Lampe **hängt an der Decke**.

A1 Wo ist ...? Ordnen Sie zu.

 A
 B
 C
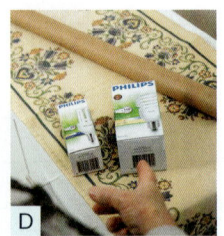 D

- Die Lampe hängt an der Decke.
- Der Schlüssel steckt im Schloss.
- Tims Sachen liegen auf dem Tisch.
- Tim steht auf der Leiter.

Wo ist ...?		
Das Bild	steckt	im Papierkorb.
	steht	auf dem Tisch.
	hängt	an der Wand.
	liegt	im Regal.

WIEDERHOLUNG

Wechselpräpositionen

Wo? + Dativ

an		über	
auf		unter	
hinter		vor	
in		zwischen	
neben			

an + dem = am
in + dem = im

A2 Suchbild: Was ist in Zimmer B anders?

Sprechen Sie mit Ihrer Partnerin / Ihrem Partner und finden Sie die sieben Unterschiede.

 A

 B

◆ In Zimmer A liegt eine Katze auf dem Sessel.
○ In Zimmer B sitzt die Katze unter dem Tisch.

A3 Unser Kursraum

Was liegt/steht/hängt/steckt wo? Schreiben Sie Sätze.
Wer findet in fünf Minuten die meisten Beispiele?

> Die Bücher liegen auf den Tischen.
> Mein Handy steckt in meiner Tasche.
> ...

2

B1 Was passt? Ordnen Sie zu.

A

○ Ihre Sachen liegen noch auf dem Tisch.
○ Kann ich meine Sachen auf den Tisch legen?

B

Verben mit Wechselpräpositionen					
Wohin? →	Akkusativ		Wo? ◎	Dativ	
Tim legt die Sachen	auf • den Tisch. auf • das Sofa. unter • die Leiter. neben • die Glühbirnen.		Tims Sachen liegen	auf • dem Tisch. auf • dem Sofa. unter • der Leiter. neben • den Glühbirnen.	

B2 Kettenübung: Wohin legen Sie Ihren Schlüssel? Sprechen Sie.

Ich lege meinen Schlüssel unter meinen Stuhl.

Du legst deinen Schlüssel unter deinen Stuhl. Ich lege meinen Schlüssel ...

B3 Einen Arbeits- oder Lernplatz einrichten

a Lesen Sie. Was machen Sie auch? Erzählen Sie.

Gut arbeiten und lernen – *mit Ruhe, Licht und Ordnung.*
Hier sind unsere Tipps:

Ruhe Hängen Sie ein Schild an die Tür: „Bitte nicht stören!" Immer noch zu laut? Dann stecken Sie Ohrenstöpsel in die Ohren.

Licht Licht ist wichtig. Stellen Sie den Schreibtisch am besten ans Fenster und stellen Sie eine Lampe auf den Schreibtisch.

Ordnung Räumen Sie den Schreibtisch jeden Abend auf: Legen Sie Papier und Stifte wieder in die Schubladen und stellen Sie die Bücher ins Regal.

b Markieren Sie in a wie im Beispiel und ergänzen Sie die Tabelle.

Verben mit Wechselpräpositionen			
Wohin? →	Wo? ◎	Wohin? →	Wo? ◎
legen	liegen		stecken
	stehen		hängen

B4 Bilder bauen und beschreiben

Arbeiten Sie in Gruppen und „bauen" Sie ein Bild. Zeigen Sie einer anderen Gruppe Ihr Bild. Die anderen beschreiben das Bild.

An der Wasserflasche hängt ein Schlüssel. ...

◆ Wir legen einen Stift neben die Wasserflasche.
○ Und meinen Schlüssel hängen wir an die Flasche. Warte: So! ...

C Stellen Sie die Leiter **dahin**.

C1 Stellen Sie …

1 🔊 38 **a** Was sagt Frau Sicinski? Hören Sie und kreuzen Sie an.

Lokaladverbien	Direktionaladverbien
Wo? ◎	Wohin? →
hier/da/dort	hierhin/dahin/dorthin

   1 Stellen Sie die Leiter ○ da. ○ dahin.
   2 ○ Da ○ Dahin steht sie genau richtig.

b Fragen Sie und antworten Sie.

   ◆ Wohin soll ich die Pflanze stellen?
   ○ Dorthin, bitte.
   ◆ Ans Fenster?
   ○ Ja, genau. Dort steht sie gut.

   • Pflanze → an • Fenster
   • Einkäufe → vor • Kühlschrank
   • Papierkorb → neben • Schreibtisch
   • Lampe → in • Ecke   …

C2 Was sagt Frau Sicinski noch? Ergänzen Sie.

   a Ich kann nicht mehr auf die Leiter steigen. Steigen Sie doch bitte <u>rauf</u>.

   b Vorsicht, Tim! Fallen Sie nicht _____.

   c Die Glühbirne kommt da _____ – in den Müll.

Direktionaladverbien
runter ✂ fallen
Fallen Sie nicht runter.

🪴	raus
🪴	rein
🪴	rauf
🪴	runter
🪴	rüber

C3 Was sagen die Leute?

a Ordnen Sie zu.

   ~~reinkommen~~   den Stift rübergeben   rauskommen   den Müll rausbringen

   1   2   3 <u>reinkommen</u>   4

   _____   _____   _____   _____

   _____   _____   _____   _____

🔁 **b** Schreiben Sie Gespräche zu den Situationen in a. Spielen Sie dann.

   ◇ Störe ich?
   ● Nein, gar nicht. Kommen
     Sie doch rein, Frau Meier.

1 ◀)) 39–42 D1 Gespräche mit den Nachbarn

a Hören Sie die Gespräche und ordnen Sie zu.

Gespräch	1	2	3	4
Foto	D			

b Wie helfen die Nachbarn/Mitbewohner? Hören Sie noch einmal und kreuzen Sie an: Was ist richtig?

1 Frau Weiß
  ○ leert den Briefkasten und gießt die Pflanzen.
  ○ wirft den Schlüssel in den Briefkasten.
2 Frau Maurer
  ○ passt auf die Katze auf.
  ○ kocht Tee für die Nachbarn.

3 Max
  ○ bringt ein Päckchen zur Post.
  ○ nimmt ein Päckchen an.
4 Ramona
  ○ hilft Oxana beim Deutschlernen.
  ○ gibt Oxana einen Tipp.

D2 Ordnen Sie zu.

Sei doch bitte so nett und nimm ein Päckchen für mich an.   Da rufst du am besten den Hausmeister an.
Vielen Dank für Ihre Hilfe.   Könnten Sie die Pflanzen gießen?   Würdest du das Päckchen annehmen?
Leider kann ich nicht auf den Paketboten warten, weil ich Frühschicht habe.   Danke, das ist sehr/wirklich nett.
Natürlich. Das mache ich gern.   Kein Problem.   Da sprichst du am besten mit …
Ich habe ein Problem / eine Bitte / eine Frage: …   Mit wem kann/muss ich denn da sprechen?
Danke für den Tipp.

um Hilfe bitten	auf eine Bitte reagieren	für Hilfe danken
Sei doch bitte so nett und nimm ein Päckchen für mich an.		

⇄ D3 Um Hilfe bitten

📱

Wählen Sie zu zweit eine Situation oder finden Sie selbst eine Situation.
Spielen Sie ein Gespräch. Verwenden Sie die Sätze aus D2.

A Sie fahren übers Wochenende weg. Ihre Nachbarin/Ihr Nachbar soll Ihre Katze füttern.
  Sie klingeln am Abend und bringen den Wohnungsschlüssel vorbei.
B Sie und Ihre Mitbewohner erwarten morgen einen Handwerker. Sie haben Frühschicht.
  Ihre Mitbewohnerin/Ihr Mitbewohner soll den Handwerker in die Wohnung lassen.

D4 Wie gut kennen Sie Ihre Nachbarn? Erzählen Sie.

– Treffen Sie Ihre Nachbarn auch privat (zum Beispiel zum Kaffeetrinken)?
– Über welche Themen sprechen Sie mit Ihren Nachbarn?
– Haben Sie Ihre Nachbarn schon einmal um Hilfe gebeten oder etwas für Ihre Nachbarn gemacht?

E Müll vermeiden

E1 Was haben Sie in den letzten Tagen gekauft? Was war in Plastik verpackt? Erzählen Sie.

> Ich habe gestern vier Becher Joghurt gekauft. Die Becher sind aus Plastik.

E2 Ein Radio-Interview

1 ◀)) 43 **a** Lesen Sie die Texte und hören Sie den Anfang eines Radio-Interviews. Welches Interview hören Sie? Kreuzen Sie an.

○ 1

Montag | 09:05 Uhr, Campus-Radio
Nicht so viel Müll!
Wie können wir Müll vermeiden? Zu diesem Thema ist Moderatorin Claudia Kurz im Gespräch mit Sarah Körner: Ihre Schule hat verschiedene Aktionen dazu gemacht.

○ 2

Montag | 09:05 Uhr, Campus-Radio
Alltag ohne Plastik – geht das?
Das möchte Familie Körner wissen. Über das neue Leben ohne Plastik spricht Moderatorin Claudia Kurz mit Sarah Körner (17).

1 ◀)) 44 **b** Hören Sie jetzt das ganze Interview. Was ist richtig? Kreuzen Sie an.

1 ○ In Deutschland gibt es nicht so viel Müll.
2 ☒ Die Deutschen trennen den Müll sehr genau.
3 ○ In großen Familien gibt es besonders viel Müll.
4 ○ Familie Körner kauft nur noch Biogemüse und Bioobst.
5 ○ Sarah kauft Shampoo nur noch im Internet.
6 ○ Sie darf ihr Lieblingseis nicht mehr essen.
7 ○ Sie will mit dem Experiment aufhören.

E3 Wie finden Sie das Experiment?

a Wer findet das Experiment gut, wer reagiert skeptisch/negativ?
Lesen Sie die Beiträge im Forum und notieren Sie die Namen.

positiv ☺: _Britta,_____
skeptisch/negativ ☹: _____

Alltag ohne Plastik	
Britta Martens	Familie Körner hat recht. Oft ist Plastik nicht nötig: Warum müssen Tomaten und Salat in Plastik verpackt sein? Und Wasser in Plastikflaschen? Das Wasser in Deutschland ist gut, das kann man aus der Leitung trinken! Also, ich finde die Idee toll. Das möchte ich auch einmal ausprobieren.
Mark Weidlich	So ein Experiment ist doch nur etwas für Leute aus der Großstadt. Ich wohne auf dem Land. Reis und Nudeln gibt es nur im Supermarkt und nur mit Plastikverpackung. Hier funktioniert das Experiment nicht. Also gefällt es mir nicht.

Tanja S.	Familie Körner macht Shampoo und Zahnpasta selbst? Ich finde das Experiment unrealistisch für den Alltag. Ich bin berufstätig und viel unterwegs. Ich möchte mein Shampoo nicht selbst machen. Dafür habe ich keine Zeit.
Benno Haase	Ich denke auch, das Experiment von Familie Körner ist keine Lösung. Ich glaube, das ist eine Aufgabe für die Industrie. Sie muss andere Verpackungen anbieten. Ich möchte nicht auf meinen Lieblingsjoghurt verzichten. Aber ich kaufe ihn gern in einer umweltfreundlichen Verpackung.😊
Trixi P.	Das Experiment klingt interessant. Sicher ist ein Leben ganz ohne Plastik nicht möglich. Aber man muss ja irgendwie anfangen. Kompliment an Familie Körner!

b Welche Sätze sind <mark>positiv</mark>, welche sind <mark>negativ</mark>? Markieren Sie wie im Beispiel.

c Wie finden Sie das Experiment „Leben ohne Plastik"? Schreiben Sie einen kurzen Beitrag.

E4 Mülldetektive

Vor einem Mehrfamilienhaus stehen drei Mülltonnen. Arbeiten Sie in drei Gruppen und wählen Sie eine Tonne aus. Was meinen Sie: Wer lebt in der Wohnung? Welche Hobbys haben die Bewohner? Was essen/trinken sie gern? ...
Machen Sie Notizen. Erzählen Sie dann im Kurs.

A
- Glühbirne
- alte Fußballschuhe
- Wörterbuch Deutsch-Englisch
- Monatsfahrkarte für die U-Bahn
- Notizen zu einer Seminararbeit

B
- Prospekt „Urlaub an der Nordsee"
- Großpackung Waschmittel (natürlich leer)
- Kassenzettel vom Bioladen
- zwei Paar Kinderschuhe
- Holzspielzeug

C
- fünf Glückwunschkarten
- zwei Dosen Katzenfutter
- Fahrradhelm (kaputt)
- Kostüm (Rock, Bluse, Blazer)
- Reiseführer London

Unser Bewohner ist wohl eine Frau. Sie hatte letzte Woche Geburtstag, denn in ihrer Tonne sind fünf Glückwunschkarten.

Grammatik und Kommunikation

Grammatik

1 Wechselpräpositionen ⓊⒼ 6.02

	„Wo?" + Dativ ◎		„Wohin?" + Akkusativ →	
auf	• dem	Tisch	• den	Tisch
	• dem	Sofa	• das	Sofa
	• der	Leiter	• die	Leiter
neben	• den	Glühbirnen	• die	Glühbirnen
	Die Sachen liegen auf dem Tisch.		Er legt die Sachen auf den Tisch.	

auch so: an, hinter, in, über, unter, vor, zwischen

2 Verben mit Wechselpräpositionen ⓊⒼ 6.02

„Wo?" + Dativ ◎	„Wohin?" + Akkusativ →
liegen	legen
stehen	stellen
stecken	stecken
hängen	hängen

3 Lokal- und Direktionaladverbien ⓊⒼ 7.02

Wo? ◎	Wohin? →
hier/da/dort	hierhin/dahin/dorthin
	Stellen Sie die Leiter dahin.
	rein/raus/rauf/runter/rüber
	runter✂fallen
	Fallen Sie nicht runter.

Kommunikation

JEMANDEN UM HILFE BITTEN: Ich habe ein Problem.

Ich habe ein Problem / eine Bitte / eine Frage: … Mit wem kann/muss ich denn da sprechen?
Sei doch bitte so nett und nimm ein Päckchen für mich an.
Würdest du das Päckchen annehmen?
Könnten Sie die Pflanzen gießen?

AUF EINE BITTE REAGIEREN: Natürlich. Das mache ich gern.

Natürlich. Das mache ich gern. / Kein Problem.
Da rufst du am besten … an.
Leider kann ich nicht auf den Paketboten warten, weil ich Frühschicht habe.
Da sprichst du am besten mit …

Was ist wo an Ihrem Lernplatz? Schreiben Sie.

> Auf meinem Tisch steht ein Laptop. Neben dem Laptop steht eine Lampe. …

Sie haben eingekauft. Wohin kommen Ihre Einkäufe? Schreiben Sie.

> Ich stelle die Milch in den Kühlschrank. Getränke stelle ich auf den Balkon. Die Seife …

Was sagt die Frau? Schreiben Sie.

Sie fahren für eine Woche weg. Schreiben Sie eine Nachricht an Ihre Mitbewohnerin.

> Liebe Marie, nächste Woche besuche ich meine Eltern in Bulgarien. Könntest Du bitte …

FÜR HILFE DANKEN: Vielen Dank für deine Hilfe.

Vielen Dank für deine/Ihre Hilfe.
Danke, das ist sehr/wirklich nett.
Danke für den Tipp.

AUF EINEN BEITRAG POSITIV REAGIEREN: Also, ich finde die Idee toll.

Das möchte ich auch einmal ausprobieren.
Also, ich finde die Idee toll.
... klingt interessant.
Kompliment an ...!
... hat recht.

AUF EINEN BEITRAG NEGATIV REAGIEREN: Hier funktioniert das nicht.

Hier funktioniert ... nicht. Also gefällt es mir nicht.
Ich finde ... unrealistisch.
... ist keine Lösung.

Ordnen Sie das Gespräch.

○ ○ Wirklich? Als Managerin ist sie doch viel unterwegs. Ich finde das unrealistisch.

○ ◆ Warum nicht? Ihr seid zu negativ. Also, ich finde die Idee toll.

○ ▣ Habt ihr schon gehört? Mara will vier Wochen ohne Handy leben.

Sie möchten noch mehr üben?

1 | 45–47 AUDIO-TRAINING   VIDEO-TRAINING

Lernziele

Ich kann jetzt ...

A ...sagen: Hier steht/liegt/...: *Der Schlüssel steckt im Schloss.* _____ ☹ ☺ ☺
B ...sagen: Hierhin stelle/lege/... ich: *Hängen Sie ein Schild an die Tür.* _ ☹ ☺ ☺
C ...Richtungen nennen: *Stellen Sie die Leiter dahin. / Fallen Sie nicht runter.* _____ ☹ ☺ ☺
D ...Nachbarn um etwas bitten: *Könnten Sie die Pflanzen gießen?* _____ ☹ ☺ ☺
E ...ein Radiointerview verstehen: *Die Deutschen trennen den Müll sehr genau.* _____ ☹ ☺ ☺

Ich kenne jetzt ...

... 5 Wörter zum Thema *Wohnung*:
die Wand, ...

... 5 Wörter zum Thema *Mietshaus*:
der Bewohner, ...

Kennen Sie schon SHLS?

Das Stellen-Hängen-Legen-Stecken-Spiel

Sehen Sie mal: Mit einem Bild kann man alles Mögliche machen.

Man kann das Bild auf den Tisch stellen. Dann __steht__ es auf dem Tisch.

Man kann es auch auf den Tisch legen. Dann _____ es auf dem Tisch.

Man kann es an die Wand hängen. Dann _____ es an der Wand.

Oder man kann es in die Tasche stecken. Dann _____ es in der Tasche.

Geht das mit anderen Sachen genauso? Mit einem Blatt Papier oder einem Schlüssel?
Einem Radiergummi oder einem Kugelschreiber? Einem Becher oder einer Brille?
Versuchen Sie es! Stellen Sie doch mal einen Schlüssel auf den Boden. Oder hängen Sie einen
Kugelschreiber an einen Stuhl. Oder stecken Sie ein Blatt Papier in einen Schuh. Oder …
Sie haben sicher schon hundert neue Ideen, oder? Dann mal los!

1 Lesen Sie den Text und ergänzen Sie in der richtigen Form.

2 Was kann man alles *stellen, legen, hängen, stecken*?
Finden Sie ein Beispiel und zeigen Sie es den
anderen Kursteilnehmern.

> *Ich habe ein Blatt Papier in den Schuh gesteckt. Seht ihr? Das Papier steckt im Schuh.*

Das bunte Haus von Wien

Ein Wohnhaus – es gibt Bilder an den Wänden, viele Linien sind nicht
gerade, auf dem Dach wachsen Bäume, überall stehen und hängen
Pflanzen. Und dann auch noch die vielen verschiedenen Farben! Was
für ein Haus soll das sein? Wer baut denn so was? Ist das nicht total
5 verrückt?

Nein, ist es nicht. Dieses „Haus für Menschen und Bäume" hat die Stadt Wien von 1983 bis 1985 ge-
baut. Es steht im dritten Wiener Bezirk an der Ecke Kegelgasse und Löwengasse und ist eine wichtige
Touristenattraktion in der österreichischen Hauptstadt. Die Idee hatte der Wiener Künstler Friedensreich
Hundertwasser (1928 – 2000) und der Architekt Josef Krawina hat die Pläne für das Haus gemacht.

10 In fünfzig Sozialwohnungen können etwa zweihundert Menschen leben. Außerdem gibt es im „Hundertwasserhaus" vier Geschäfte, drei Gemeinschaftsterrassen, einen Wintergarten und zwei Kinderspiel-
plätze. Die Mieten sind nicht sehr teuer. Eine Wohnung wird man aber wohl nicht so schnell bekommen.
Weil viele Leute so gern hier wohnen würden, ist die Warteliste natürlich lang.

Aber warum so bunt? Warum so viele Farben? Auch das ist eine Idee von Hundertwasser: Jeder Mieter
15 darf das Haus rund um seine Wohnungsfenster herum selbst bemalen, damit man von Weitem sehen
kann: „Dort wohnt ein Mensch."

Lesen Sie den Text auf Seite 32. Machen Sie Notizen:
Was gefällt Ihnen am Hundertwasserhaus? Was finden Sie nicht so gut?
Sprechen Sie dann.

Mir gefällt die Idee, weil ...

COMIC

Lesen Sie den Comic und zeichnen Sie den Weg im Bild: So geht der kleine Mann.
Vergleichen Sie dann mit Ihrer Partnerin / Ihrem Partner.

Essen und Trinken

Folge 3: Eine Hand wäscht die andere.

1 Sehen Sie die Fotos an.

a Was meinen Sie? Was ist richtig? Kreuzen Sie an.

1 Tim ○ lernt die Nachbarsfamilie kennen. ○ kennt die Nachbarsfamilie schon.
2 ○ Tim lädt seine Nachbarn ○ Tims Nachbarn laden ihn zum Essen ein.

1 ◀)) 48 **b** Hören Sie und vergleichen Sie.

1 ◀)) 48 ## 2 Wer wohnt wo?
Hören Sie noch einmal und
ordnen Sie zu.

_____

_____   Tim _____

Familie Kaiopoulos ~~Tim~~ Betty und Paul Frau Sicinski

1 ◀)) 48–55 ## 3 Was gibt es zu essen? Sehen Sie die Fotos an. Hören Sie dann und verbinden Sie.

a Zuerst   gibt es Joghurt mit Honig und Nüssen .
b Als Nachspeise   trinken Dimi, Eva und Tim noch einen Espresso.
c Zum Schluss   gibt es Moussaka, einen griechischen Auflauf, mit und ohne Fleisch.

Tims Film

1 ◀)) 48–55

4 Hören Sie noch einmal und ergänzen Sie.

a Wer hat das Abendessen gekocht? _____

b Wer isst kein Fleisch? _____

c Wer darf keine Nachspeise essen? _____

d Wer hat Probleme in der Schule? *Niki*

e Was möchte Tim lernen? _____

f Was soll Niki von Tim lernen? _____

5 „Eine Hand wäscht die andere." Was bedeutet das? Kreuzen Sie an.

○ Tim hilft Niki. Dimi hilft Tim.   ○ Tim hilft Niki und Dimi.

6 Können Sie kochen? Erzählen Sie.

> *Ich kann gut kochen, denke ich.*
> *Mein Lieblingsrezept ist ...*

> *Ich kann nicht kochen.*
> *Und ich möchte nicht kochen lernen.*
> *Ich habe zu wenig Zeit.*

A Ich esse **nie** Fleisch.

A1 Wie oft ...?

1 ◀)) 56–59 **a** Wie oft essen die Personen Fleisch? Hören Sie und kreuzen Sie an.

	100% immer	meistens	oft	manchmal	selten	0% nie
1 Eva	○	○	○	○	○	○
2 Dimi	○	○	○	⊗	○	○
3 Niki	○	○	○	○	○	○
4 Tim	○	○	○	○	○	○

Wie oft?
immer
meistens
oft
manchmal
selten
nie

b Und Sie? Wie oft essen Sie Fleisch? Erzählen Sie.

A2 Was essen und trinken Jan, Sören und Arzu? Wie oft und wann?
Machen Sie eine Tabelle und notieren Sie.

Internet-Forum

VALERIA: Man sagt: Die Deutschen essen gern Fleisch und Kartoffeln. Und sie trinken oft Bier. Aber das stimmt doch nicht, oder? Schreibt mir: Was esst und trinkt ihr so?

JAN: Ich bin viel unterwegs und habe oft keine Zeit für eine richtige Mahlzeit. Dann hole ich mir mittags oft nur schnell eine Wurst. Und ich liebe Kaffee. Morgens, mittags, abends – Kaffee kann ich immer trinken. Acht Tassen pro Tag sind es bestimmt.

SÖREN: Ich finde gesundes Essen wichtig. Zum Frühstück gibt es meistens Obst oder Joghurt. Zum Mittagessen gehe ich in die Kantine. Ich nehme fast immer das vegetarische Gericht. Am Abend esse ich oft einen Salat, manchmal Fisch mit Kartoffeln.

ARZU: Ich lebe seit 30 Jahren in Deutschland und habe viele Gewohnheiten übernommen. Zum Frühstück esse ich fast immer ein Marmeladenbrot. Deutsche Fleischgerichte esse ich auch manchmal, aber kein Schweinefleisch.

	Was?	Wie oft?	Wann?
Jan	Wurst Kaffee	oft ...	mittags

zum	Frühstück
	Mittagessen
	Abendessen

fast immer (95–99%)
fast nie (1–5%)

SCHON FERTIG?
Antworten Sie Valeria.

⇆ A3 Partnerinterview: Wie oft machen Sie das?
Machen Sie Notizen und fragen Sie dann Ihre Partnerin / Ihren Partner.

Wie oft ...?	Ich	Meine Partnerin / Mein Partner
selbst kochen		dreimal pro Woche
Süßigkeiten essen		
frühstücken		
Alkohol trinken		
Freunde zum Essen einladen		
Essen im Internet bestellen (z. B. bei einem Pizzaservice)		

◆ Wie oft kochst du selbst?
○ Vielleicht dreimal pro Woche. Und du?
  ...

einmal	
zweimal	pro Tag/Woche/Monat/Jahr
dreimal	

B1 Ordnen Sie zu. Hören Sie dann und vergleichen Sie.

1 🔊 60–63

eine   keine   ~~einen~~   welche   eins

A

◆ Ich mach' uns noch schnell
einen Espresso. Du möchtest
doch auch _einen_, oder?

○ Ja, Dimi. Sehr gern.

B

▲ Du, Dimi, wo sind denn
die Löffel? Ich finde
_____.

◆ Moment ... In der Spülmaschine
sind _____.

C

○ Oh, mein Messer ist
runtergefallen. Tut mir leid.

◆ Kein Problem. Ich hole gleich
noch _____.

D

◆ Wer möchte noch eine Portion?

○ Ich nehme gern noch _____.

◆ Gut. Gibst du mir deinen Teller, Tim?

Indefinitpronomen		
	Hier ist/sind ...	Ich möchte/nehme ...
● der Espresso	(k)ein**er**	(k)ein**en**
● das Messer	(k)ein**s**	(k)ein**s**
● die Portion	(k)ein**e**	(k)ein**e**
● die Löffel	kein**e**/welch**e**	kein**e**/welch**e**

auch so: meiner, meins, meine, meine ...

B2 Arbeiten Sie zu zweit. Fragen Sie und antworten Sie.

◆ Ich brauche eine Gabel. Bringst du mir bitte eine?

○ Aber da ist doch eine.

🔁 **B3** Spiel: Küchen-Quartett

● die Kanne
● der Topf
● die Pfanne
● die Schüssel

● die Schüssel
● die Pfanne
● der Topf
● die Kanne

● die Pfanne
● der Topf
● die Kanne
● die Schüssel

● der Topf
● die Schüssel
● die Kanne
● die Pfanne

a Arbeiten Sie zu dritt oder zu viert. Machen Sie 16 Quartettkarten.

● der Topf – ● die Schüssel – ● die Kanne – ● die Pfanne
● das Messer – ● die Gabel – ● der Esslöffel – ● der Teelöffel
● der Bierkrug – ● die Tasse – ● das Glas – ● der Becher
● der Herd – ● der Kühlschrank – ● die Spülmaschine – ● die Mikrowelle

b Verteilen Sie die Karten und spielen Sie.
Die Person mit den meisten Quartetten hat gewonnen.

◆ Ich brauche einen Topf. Hast du einen?

○ Ja, hier bitte. / Nein, tut mir leid, ich habe auch keinen. Ich brauche ...

C Guten Appetit!

C1 Guten Appetit!

Ordnen Sie zu. Hören Sie dann und vergleichen Sie.

> Darf ich dir noch was geben? Guten Appetit. ~~Kein Problem,~~ Komm bald mal wieder.
> Vielen Dank für den schönen Abend. Und danke fürs Kochen, Mit Fleisch, bitte.

A bei der Ankunft

◆ Komm rein!

○ Danke. Tut mir leid, ich habe gar nichts mitgebracht, Eva.

◆ _Kein Problem,_ Tim.

B beim Essen

○ Hm, das riecht so lecker!

▲ Na, Tim: mit oder ohne Fleisch?

○ ....

▲ Also dann: ....

○ Guten Appetit!

◆ ....

Dimi! ...

▲

○ Oh ja, sehr gern. Ich liebe Moussaka.

C beim Abschied

○ ....
....

◆ Sehr gern, Tim!

C2 Wann sagt man das? Bei der Ankunft, beim Essen oder beim Abschied? Ergänzen Sie.

1 _beim Essen_
◆ Möchtest du noch?
○ Nein danke, ich kann nicht mehr.

2 ....
◆ Hier: Die Blumen sind für dich.
○ Oh, danke. Das ist aber nett.

3 ....
◆ Tschüs. Komm gut nach Hause.
○ Danke. Das nächste Mal kommt ihr zu mir, ja?

4 ....
◆ Was möchtest du trinken? Bier, Wasser, Wein?
○ Ein Wasser, bitte.

5 ....
◆ Soll ich die Schuhe ausziehen?
○ Lass sie ruhig an. Der Boden ist ziemlich kalt.

🔁 C3 Eine Szene spielen

📱 Arbeiten Sie mit Ihrer Partnerin / Ihrem Partner und schreiben Sie ein Gespräch wie in C1. Sprechen Sie dann.

> Hallo, herzlich willkommen. Kommt rein. ...

C4 Einladung zum Essen bei deutschen Freunden

a Lesen Sie die Fragen und notieren Sie Ihre Antworten.
Vergleichen Sie mit Ihrer Partnerin / Ihrem Partner.

1 ⊠ Wie pünktlich muss man kommen?
2 ○ Darf man seine Freunde mitbringen?
3 ○ Was soll man mitbringen?
4 ○ Wie viel kann oder muss man essen?
5 ○ Darf man schmatzen und mit vollem Mund sprechen?
6 ○ Wann kann oder soll man nach Hause gehen?

1 Ein bisschen Verspätung ist okay.
2 Ja, aber man muss den Gastgeber vorher fragen.
...

1 ◀)) 67 **b** Hören Sie eine Radiosendung.
Auf welche Fragen aus a bekommen Sie eine Antwort?
Kreuzen Sie in a an.

1 ◀)) 67 **c** Hören Sie noch einmal. Was ist richtig? Kreuzen Sie an.

1 ⊠ 30 Minuten Verspätung – das ist nicht sehr höflich.
2 ○ Man soll für die Gastgeber etwas mitbringen.
3 ○ Sie machen eine Diät oder dürfen etwas nicht essen.
   Informieren Sie den Gastgeber bei der Einladung.
4 ○ Ihr Gastgeber bietet Ihnen noch etwas an.
   Sie sind satt, aber Sie dürfen nicht „Nein" sagen.
5 ○ Bleiben Sie nicht zu lange.
   Aber gehen Sie auch nicht sofort nach dem Essen.

d Vergleichen Sie mit Ihren Notizen aus a. Sind Sie „fit" für eine Einladung?
Was war neu für Sie? Erzählen Sie.

> *Eine halbe Stunde Verspätung ist ein Problem – das überrascht mich. Bei uns ist das nicht so schlimm. Man kann auch eine Stunde zu spät kommen.*

> *Das überrascht mich.*
> *Das finde ich interessant. / seltsam.*
> *Bei uns ist das genauso. / anders. / nicht so schlimm. / wichtig.*

🔁 ## C5 Im Kurs: Ein guter Gastgeber

Was kochen Sie gern/oft?
Was kochen Sie nicht und warum?
Erzählen Sie.

> *Ich koche (sehr) gern/oft Fleisch/scharf/süß/...*
> *Besonders gern biete ich Fisch/Fleisch/... an.*
> *Mein Lieblingsrezept ist ... Das schmeckt allen Gästen.*
> *... koche ich nicht.*
> *Viele mögen ... nicht. / dürfen ... nicht essen.*

süß

scharf

salzig

fett

sauer

D In der Kantine

D1 Eine Firmenkantine

a Lesen Sie den Text und ordnen Sie zu.

Wo kaufen Sie Ihre Lebensmittel?   Was genau bieten Sie an?   ~~Herr Vogt, für wie viele Menschen~~
~~kochen Sie jeden Tag?~~   Wie sieht denn Ihr Arbeitstag aus?   Und was mögen die Gäste besonders gern?
Was ist Ihnen beim Kochen wichtig?

Frisch und gesund!

Joachim Vogt leitet die Kantine
einer großen Bank in München.
Der Koch findet gesundes und
frisches Essen sehr wichtig.

5 **Herr Vogt, für wie viele Menschen
kochen Sie jeden Tag?**
In unserer Firma haben wir rund 500 Mitarbeiter.
Sie kommen aus Deutschland und aus vielen
anderen Ländern.

10 **Ist das Angebot in Ihrer Kantine auch so international wie die Mitarbeiter?**
Ja, manchmal schon. Wir kochen auch asiatische
Gerichte und bieten Currys an. Gesund kochen,
das ist für uns sehr wichtig.

15 Zum Frühstück gibt es bei uns unterschiedliche
Arten von Müsli, Joghurt mit Früchten, Eiergerichte
und Brötchen mit Wurst, Käse, Honig oder
Marmelade. Mittags haben wir drei Büfets: für
20 Vorspeisen, Nachspeisen und Salat. Dazu gibt es
drei Hauptgerichte: eins mit Fleisch, eins mit
Fisch und ein vegetarisches.

Zum Frühstück mögen viele die frischen Säfte
25 wie den Apfel-Karotte-Ingwer-Saft. Mittags essen

viele Gäste vegetarisch. Das ist in den letzten
Jahren deutlich mehr geworden. Oft nehmen fast
50 Prozent das Gemüsegericht.

30 **Auf dem Markt. Das mache ich
selbst. Ich schaue dort: Was ist
frisch? Was ist im Angebot?
Außerdem kaufe ich viele regio-
nale Produkte aus der Umgebung,
35 also ganz aus der Nähe.**

Ich nehme nur frisches Obst und Gemüse und
frische Salate. Außerdem sind unsere Fleischgerichte meistens mit Geflügel, weil viele Mit-
40 arbeiter kein Schweinefleisch essen. Ganz
selten gibt es aber auch mal Steak.

**Frisch einkaufen und kochen – das machen nicht
viele Großküchen.**
Ja, das stimmt. Andere Kantinen bekommen das
45 Essen aus Fabriken. Aber ich arbeite hier nur mit
frischen Lebensmitteln. Das finde ich toll.

Er beginnt früh um 6 Uhr auf dem Markt. Gegen
9 Uhr bin ich in der Kantine und koche mit
50 meinen sechs Mitarbeitern das Mittagessen. Am
Nachmittag mache ich die Büroarbeit und plane
die Gerichte für die nächsten Tage. Um 15 Uhr
gehe ich meistens nach Hause.

b Lesen Sie den Text noch einmal bis Zeile 28 und ergänzen Sie.

1 Herr Vogt kocht täglich für circa _____ Personen.
2 Er kocht sehr gern _gesund_.
3 Mittags gibt es drei Büfetts: mit Vorspeisen, _____
und _____ und drei verschiedene Hauptgerichte.
4 Viele Mitarbeiter nehmen das _____ gericht.

c Lesen Sie den Text bis zum Ende und korrigieren Sie.

> **SCHON FERTIG?** Wo und was
> essen Sie bei der Arbeit?
> Notieren Sie.

1 Herr Vogt kauft die Lebensmittel ~~im Supermarkt.~~ _auf dem Markt._
2 Viele Mitarbeiter essen kein Geflügel. _____
3 Herr Vogt kocht das Mittagessen um sechs Uhr. _____
4 Am Nachmittag kocht er die Gerichte für die nächsten Tage. _____

E1 Was darf ich Ihnen bringen?

1 🔊 68–71

a Welches Gespräch passt? Hören Sie und ordnen Sie zu.

Gespräch

1 Der Gast sucht einen Sitzplatz. ◯
2 Der Gast möchte bestellen. (A)
3 Der Gast ist mit dem Essen nicht zufrieden. ◯
4 Die Gäste möchten bezahlen. ◯

b Ordnen Sie die Gespräche. Hören Sie dann noch einmal und vergleichen Sie.

A

◯ Ich nehme das Schnitzel mit Pommes und Salat.
◯ Ja, gern. Und zu trinken?
① Was darf ich Ihnen bringen?
◯ Ein Mineralwasser, bitte.

B

◯ Oh, das tut mir leid. Ich bringe Ihnen sofort eine neue.
◯ Danke. Sehr nett.
◯ Entschuldigung, aber die Suppe ist leider viel zu salzig.

C

◯ Hallo! Zahlen, bitte.
◯ Zusammen, bitte.
◯ Zusammen oder getrennt?
◯ Ein Eiskaffee, ein Stück Kuchen und ein Tee mit Zitrone: Das macht 7,50 Euro, bitte.
◯ Hier, bitte. Stimmt so.

D

◯ Aber sicher. Nehmen Sie doch Platz.
◯ Vielen Dank.
◯ Entschuldigung, ist der Platz noch frei?

E2 Machen Sie eine Tabelle und ordnen Sie zu.

~~Zahlen, bitte.~~ Das Messer ist nicht sauber. Oh, das tut mir leid. Ich bringe sofort ein anderes. Stimmt so.
Die Rechnung, bitte. Kann ich bitte die Karte haben? Ist hier noch frei? Kann ich bitte bestellen?
Ich nehme/möchte den Rinderbraten. Entschuldigung, ich warte jetzt schon 40 Minuten auf das Essen.
Ich möchte bitte bezahlen. Nein, tut mir leid. Der Platz ist besetzt. Zusammen oder getrennt?
Natürlich. Nehmen Sie doch Platz. Das macht 19,20 Euro. Zusammen, bitte. Was darf ich Ihnen bringen?
Getrennt, bitte. (Machen Sie) 20, bitte.

einen Sitzplatz suchen	bestellen	reklamieren	bezahlen
			Zahlen, bitte.

E3 Wählen Sie eine Situation und spielen Sie ein Gespräch. Verwenden Sie die Sätze aus E2.

reklamieren – Gast
Sie haben ... bestellt, aber ... bekommen.

reklamieren – Kellner
Es tut Ihnen leid.
Sie bringen sofort ...

bezahlen – Gast
Sie haben ... gegessen.
Geben Sie Trinkgeld.

bezahlen – Kellner
Das Gericht kostet ...

bestellen – Gast
Sie möchten ...

bestellen – Kellner
... gibt es nicht mehr.
Es gibt noch ...

Grammatik und Kommunikation

Grammatik

1 Indefinitpronomen ÜG 3.03

	Hier ist/sind …	Ich möchte/nehme/brauche …
● der Espresso	(k)ein**er**	(k)ein**en**
● das Messer	(k)ein**s**	(k)ein**s**
● die Portion	(k)ein**e**	(k)ein**e**
● die Löffel	kein**e**/welch**e**	kein**e**/welch**e**

auch so: meiner, meins, meine, meine …

de**r**/ein Espresso	→ ein**er**
de**n**/ein**en** Espresso	→ ein**en**

> Ich mache
> **einen Espresso**.
>
> Möchtest du auch
> **einen ~~Espresso~~**?

Kommunikation

HÄUFIGKEIT: Wie oft …?

Wie oft kochst du / kochen Sie selbst?
Immer. / Meistens. / Oft. / Manchmal. / Selten. / Nie.
Einmal/Zweimal/Dreimal/… pro Tag/Woche/Monat/Jahr.
Zum Frühstück/Mittagessen/Abendessen gibt es oft/meistens …
Fast immer. / Fast nie.

PRIVATE EINLADUNG ZUM ESSEN: Guten Appetit.

bei der Ankunft

Hier: Die Blumen sind für dich. / für Sie. — *Oh, danke. Das ist aber nett.*
Tut mir leid, ich habe gar nichts mitgebracht. — *Kein Problem.*
Soll ich die Schuhe ausziehen? — *Ja, bitte.*
Lass sie / Lassen Sie sie ruhig an.

beim Essen

Das riecht so lecker.
Was möchtest du / möchten Sie trinken? — *Ein Wasser, bitte.*
Guten Appetit. — *Danke fürs Kochen.*
Möchtest du / Möchten Sie noch? / — *Ja, (sehr) gern. / Nein, danke.*
Darf ich dir/Ihnen noch etwas geben? — *Ich kann nicht mehr.*

beim Abschied

Vielen Dank für den schönen Abend. — *Komm / Kommt / Kommen Sie bald mal wieder.*
Komm / Kommt / Kommen Sie gut nach Hause.

Das nächste Mal kommst du / kommt ihr / kommen Sie zu mir, ja?

Antworten Sie.
Wie oft machen Sie Sport?

_____

Wie oft lesen Sie Ihre E-Mails?

_____

Wie oft sehen Sie auf Ihr Handy?

_____

Wie oft essen Sie Süßigkeiten?

_____

Was darf/soll man bei einer
Einladung in Deutschland?
Was darf man nicht?
Kreuzen Sie an.

	☺	☹
zu spät kommen	○	○
etwas mitbringen	○	○
sagen: „Das darf ich nicht essen."	○	○
sagen: „Ich bin satt."	○	○
sofort nach dem Essen gehen	○	○

IM RESTAURANT: Ist hier noch frei?

einen Sitzplatz suchen

Entschuldigung, ist der Platz noch frei? / Ist hier noch frei?

Danke, sehr nett.

Aber sicher. / Natürlich. Nehmen Sie doch Platz.

Nein, tut mir leid. Der Platz ist besetzt.

bestellen

Was darf ich Ihnen bringen?

Kann ich bitte die Karte haben? / Kann ich bitte bestellen? Ich nehme / möchte …

reklamieren

Entschuldigung, aber die Suppe ist leider viel zu salzig.
Das Messer ist nicht sauber.
Entschuldigung, ich warte jetzt schon 40 Minuten auf das Essen.

Oh, das tut mir leid.
Ich bringe Ihnen sofort eine neue / ein anderes.

bezahlen

Zahlen, bitte. / Die Rechnung, bitte.
Ich möchte bitte bezahlen.
Zusammen, bitte. / Getrennt, bitte.
Hier bitte. Stimmt so.
(Machen Sie) 20, bitte.

Zusammen oder getrennt?

Das macht … Euro.

Der Kaffee ist ja kalt!

Ah, danke für die Information. Eiskaffee kostet nämlich einen Euro mehr.

VERGLEICH MIT DEM EIGENEN LAND: Das überrascht mich.

Das überrascht mich. | Das finde ich interessant. / seltsam.

Bei uns ist das genauso. / anders. / nicht so schlimm. / wichtig.

ÜBER KOCHGEWOHNHEITEN REDEN: Ich koche gern Fleisch.

Ich koche (sehr) gern Fleisch / scharf / süß / …

Besonders gern biete ich Fisch / Fleisch / … an.

Mein Lieblingsrezept ist … Das schmeckt allen Gästen.

… koche ich nicht.

Viele mögen … nicht. / dürfen … nicht essen.

Sie möchten noch mehr üben?

1 | 72–74 AUDIO-TRAINING

VIDEO-TRAINING

Lernziele

Ich kann jetzt …

A … sagen: So oft mache ich etwas: *Ich esse nie Fleisch.* _____ ☹ 😐 🙂
B … über Gegenstände sprechen: *Ich brauche einen Löffel. – Da ist einer.* ☹ 😐 🙂
C … Gespräche bei einer Einladung führen: *Die Blumen sind für dich.* __ ☹ 😐 🙂
  … eine Radiosendung zum Thema „Einladung" verstehen: *Sie hören jetzt unsere Sendung mit dem Thema: Bei Freunden zu Gast.* _ ☹ 😐 🙂
D … ein einfaches Interview verstehen: *Herr Vogt, für wie viele Menschen kochen Sie jeden Tag?* _____ ☹ 😐 🙂
E … Essen / Getränke bestellen, bezahlen, etwas reklamieren und einen Sitzplatz suchen: *Kann ich bitte bestellen?* _____ ☹ 😐 🙂

Ich kenne jetzt …

… 5 Wörter zum Thema *Geschirr*:
der Teller, …

… 5 Wörter zum Thema *Essen und Mahlzeiten*:
das Gericht, …

Zwischendurch mal ...

1 🔊 75

>> **Was für ein Fest!**

GASTGEBERIN

GAST

» 1 «
Möchtest du ein Schnitzel?

Oh ja, das wäre fein.

Möchtest du noch Pommes?

Da sage ich nicht Nein.

Darf ich dir vielleicht noch
einen Hamburger geben?

Oh ja, sehr gern. Hach, ist DAS ein Leben!

» 2 «
Und? Schmeckt dir die Suppe?

Ja, sie ist ein Gedicht!*

Wie findest du das Hähnchen?

Das ist mein Lieblingsgericht.

Möchtest du noch Bohnen?
Dann hol ich welche her.

Sehr lieb, vielen Dank.
Aber ich kann nicht mehr.

» 3 «
Na, wie schmeckt der Eiskaffee?

Hhmm, er ist sehr lecker.

Wie findest du das Teegebäck?

Es schmeckt wie frisch vom Bäcker.

Und bei dir, mein Lieber, ist bei dir alles klar?

Du, es hat super geschmeckt.
Es war wunderbar.

* „Das ist ein Gedicht!": Deutsche Redewendung für „Das ist ganz besonders gut." (fast immer für Essen und Trinken)
Hier bedeutet der Satz also: „Diese Suppe schmeckt ganz besonders lecker."

1 Hören Sie das Gedicht und lesen Sie mit.

2 Bilden Sie zwei Gruppen im Kurs: Gastgeber und Gäste. Hören Sie das Gedicht
   noch einmal und sprechen Sie Ihre Rolle mit. Tauschen Sie dann die Rollen.

LESEN

Mustafas Gemüse Kebap

So heißt mein Lieblingsimbiss in Berlin. Bei Mustafa gibt es Gemüsekebap, Dürüm mit oder ohne Fleisch, Pommes, Salat und … hmmm … Hähnchendöner mit Gemüse!

5 Ich habe noch nirgendwo einen besseren bekommen. Er schmeckt einfach frisch und lecker. Leider finden das viele andere Leute auch. Deshalb sieht es bei Mustafa ziemlich oft so aus wie auf dem Foto. Wer

10 es eilig hat, sollte lieber woanders essen. Tja, Mustafas Döner sind eben wirklich beliebt. Es kann schon mal eine Stunde dauern. Aber dann hat man endlich einen und … hmmm! Na, möchten Sie jetzt auch einen? Sie bekommen ihn im Stadtteil Kreuzberg, am Mehringdamm 32, nur ein paar Schritte von der U-Bahn-Station Mehringdamm (U6, U7) entfernt. Mustafas Gemüse Kebap hat

15 jeden Tag ab 10:30 Uhr geöffnet. Ach ja, noch was: Auch Mustafas Internetseite ist super: http://mustafas.de. Sie ist bunt, laut und lustig.

Trixie Ehlers
Mein Berlin

Heute: Mein Lieblingsimbiss

Lesen Sie den Text. Was ist richtig? Kreuzen Sie an. Korrigieren Sie dann die falschen Sätze.

1 ☒ Bei Mustafa kann man sehr gute Döner essen.
2 ○ Man bekommt sein Essen immer sehr schnell. *Man muss oft lange warten.*
3 ○ Mit der U3 kann man zum Mehringdamm fahren.
4 ○ Am Wochenende hat Mustafa geschlossen.
5 ○ Mustafas Internetseite ist interessant und gut gemacht.

PROJEKT

Mein Lieblingsimbiss

Sicher essen Sie auch gern mal etwas zwischendurch. Vielleicht nur einen Apfel oder ein Stück Schokolade? Oder gehen Sie zu einer Imbissbude? Ja? Na wunderbar! In diesem Projekt können Sie Ihren Lieblingsimbiss vorstellen. Wie heißt er? Wo ist er? Wann hat er geöffnet? Was gibt es dort zu essen und zu trinken? Und was ist Ihr Lieblingsessen dort?

1 Lesen Sie den Text. Machen Sie dann Notizen zu Ihrem Lieblingsimbiss. Machen Sie auch Fotos von dem Imbiss und Ihrem Lieblingsessen dort.

2 Arbeiten Sie in Gruppen. Erzählen Sie von Ihrem Lieblingsimbiss und zeigen Sie Ihre Fotos.

Ich liebe Jannipas Frühlingsrollen. Die sind so lecker! Aber es gibt auch viele Reis- und Nudelgerichte. Sie schmecken alle sehr gut.

Mein Lieblingsimbiss heißt „Jannipas Asien-Markt".

Arbeitswelt

Folge 4: Glück muss der Mensch haben!

1 Zimmerreservierung: Ordnen Sie.

- ◯ Bei der Ankunft zeigt man die Reservierungsbestätigung an der Rezeption.
- ◯ Bei der Abreise gibt man den Zimmerschlüssel an der Rezeption ab und bezahlt die Rechnung.
- ◯ Das Hotel notiert die Reservierung und schickt eine Reservierungsbestätigung.
- ① Zuerst reserviert man per Telefon, E-Mail oder online ein Zimmer.

2 Tim bei der Arbeit

a Sehen Sie die Fotos an. Was meinen Sie?
Wer ist wer? Ordnen Sie die Namen zu.

Sandra   Frau Bronkhorst   Herr Krassnick   Karla

1 ....
ist die Chefin von Tim.

2 .... ist eine Kollegin von Tim.

3 .... muss früher abreisen und kann nicht bleiben.

4 .... ist ein schwieriger Gast und braucht ein Hotelzimmer.

2 ◀))1–8 b Hören Sie und vergleichen Sie.

Tims Film

2 🔊 1–8 **3 Was ist richtig? Hören Sie noch einmal und kreuzen Sie an.**

Karla hat eine Besprechung.
Sandra und Tim sollen sie ⊠ nur im Notfall ○ nicht anrufen.
Herr Krassnick möchte die Chefin sprechen, weil er ○ ein ○ kein Zimmer
bekommen kann.

Aber Tim merkt: Das ist ein Test. Herr Krassnick ist kein Gast.
Er hat nämlich ○ viel ○ kein Gepäck dabei.
Er war noch nie im Hotel, aber er weiß: Tim hat ○ eine Chefin. ○ einen Chef.
Tim gibt dann Herrn Krassnick das Zimmer von Frau Bronkhorst.

Herr Krassnick erzählt Karla: Tim war freundlich und klug. Er hat alles richtig gemacht.
Er soll im nächsten Jahr Chef ○ von der Rezeption ○ vom Hotel werden.

A **Wenn** Sie einen Fehler gemacht haben, **dann** ...

A1 An der Rezeption

a Wer sagt was? Kreuzen Sie an.

Tim

Herr
Krassnick

	Tim	Herr Krassnick
1 **Wenn** Sie online reserviert haben, dann haben Sie sicher eine Reservierungsbestätigung bekommen.	☒	○
2 Ich kann Ihnen kein Zimmer geben, wenn Sie keine Bestätigung haben.	○	○
3 Wenn Sie einen Fehler gemacht haben, dann geben Sie mir jetzt ein anderes Zimmer.	○	○
4 Sie finden natürlich nichts, wenn Sie meinen Namen falsch schreiben.	○	○

b Markieren Sie in a wie im Beispiel und ergänzen Sie die Tabelle.

> **Konjunktion:** *wenn*
>
> _Wenn_ Sie _____,
> (dann) haben Sie sicher eine Bestätigung bekommen.
>
> Ich kann Ihnen kein Zimmer geben, _____ Sie
> keine Bestätigung _____.

A2 Ein neuer Praktikumsplatz

Was passt? Verbinden Sie und spielen Sie dann Gespräche mit Ihrer Partnerin / Ihrem Partner.

Wenn ...,	(dann) ...
Sie kommen morgens.	Herr Müller kann mit der Übersetzung helfen.
Sie brauchen Hilfe.	Sie können am Empfang fragen.
Sie brauchen Büromaterial.	Geben Sie immer die Mehrwertsteuer an.
Sie sind krank.	Bitte schalten Sie den Computer aus.
Sie haben Tee oder Kaffee getrunken.	Bitte schalten Sie zuerst den Kopierer an.
Ein deutscher Text ist zu kompliziert.	Sie können mich oder die Kollegen fragen.
Sie schreiben eine Quittung.	Bitte rufen Sie die Sekretärin an.
Sie gehen abends nach Hause.	Bitte spülen Sie Ihre Tasse selbst.

> *Wenn Sie Hilfe brauchen, dann können Sie mich oder die Kollegen fragen.*

> *Geben Sie bitte immer die Mehrwertsteuer an, wenn Sie eine Quittung schreiben.*

> *Ja, in Ordnung.*

> *Ja, klar.*

⇄ A3 Kettenübung: Arbeiten Sie in Gruppen und schreiben Sie Kettensätze. Wie viele Sätze finden Sie in fünf Minuten?

SCHON FERTIG? Was müssen neue Kursteilnehmer wissen? Schreiben Sie Sätze wie in A2.

> Wenn ich den Wecker nicht höre, dann
> komme ich zu spät zur Arbeit.
> Wenn ich zu spät zur Arbeit komme, ...

4

B1 Wer sagt was?

a Ordnen Sie zu.

○ Sie <mark>sollten</mark> nicht unhöflich werden!

○ Jetzt sollten wir aber Karla holen.

○ Du solltest Detektiv werden.

b Markieren Sie in a wie im Beispiel und ergänzen Sie dann die Tabelle.

Konjunktiv II: *sollen*		
ich	sollte	
du	_____	
er/sie	sollte	Detektiv
wir	_____	werden.
ihr	solltet	
sie/Sie	sollten	
Du solltest Detektiv werden.		

B2 Die Suche nach dem Traumberuf: Lesen Sie den Text und geben Sie Ratschläge mit *sollte-*.

TIPPS ZUR BERUFSWAHL

Die Entscheidung für den richtigen Beruf ist besonders wichtig, weil Sie viel Zeit in Ihrem Beruf verbringen werden.

- Schreiben Sie eine Liste mit Ihren Stärken und Schwächen.
- Notieren Sie Ihre Interessen und Wünsche. Was ist Ihnen wichtig?
- Machen Sie einen Termin mit einem Berufsberater.
- Informieren Sie sich über verschiedene Berufe.
- Nutzen Sie auch Plattformen, Foren und Portale im Internet.
- Fragen Sie auch Freunde und Bekannte nach ihrer Meinung.
- Machen Sie ein Praktikum. Welche Branche / Firma finden Sie interessant?

> *Wenn du den richtigen Beruf suchst, solltest du eine Liste mit deinen Stärken und Schwächen schreiben.*

> *Du solltest deine ...*

SCHON FERTIG? Finden Sie weitere Tipps.

B3 Unsere Tipps

a Arbeiten Sie in Gruppen. Wählen Sie ein Thema und machen Sie ein Plakat mit Tipps. Sie können auch im Internet nach Tipps suchen.

1 Tipps für ein Praktikum
2 Tipps für den ersten Arbeitstag
3 Tipps für Auszubildende

b Präsentieren Sie Ihr Plakat im Kurs.

> *Sie sollten fragen, wenn ...*

Unsere Tipps für ein Praktikum

- Fragen Sie, wenn Sie etwas nicht verstehen.
- Schalten Sie Ihr Handy aus.
- ...

C Telefongespräche am Arbeitsplatz

2 ◀)) 9–11 **C1 Warum rufen die Personen an?**

Hören Sie drei Telefongespräche und verbinden Sie.

Gespräch A   Der Anrufer möchte eine Veranstaltung
in der Kantine planen.

Gespräch B   Der Anrufer kann nicht zur Abschiedsfeier kommen.

Gespräch C   Die Anruferin hat noch eine Frage zu einem Seminar.

2 ◀)) 9–11 **C2 Ordnen Sie die Telefongespräche.**

Hören Sie dann noch einmal und vergleichen Sie.

A

○ Tut mir leid, der ist gerade nicht am Platz.
Kann ich ihm etwas ausrichten?

① Exportabteilung, Weigand, guten Tag.

○ Guten Tag, hier ist Al-Sayed. Können Sie mich
bitte mit Herrn Sauter verbinden?

○ Ja, gut. Dann auf Wiederhören.

○ Nein, danke, nichts. Es geht um seinen Abschied.
Ich bin im Juni leider im Urlaub. Aber das
möchte ich ihm selbst sagen. Ich versuche es
später noch einmal.

B

○ Tut mir leid, sie ist noch nicht da. Soll sie
zurückrufen, wenn sie kommt?

○ Guten Tag, hier ist Amelie Stein.
Ist Frau Neufeld schon im Haus?

○ Gut. Auf Wiederhören.

○ Nein, danke. Ich habe noch eine Frage zu
dem Seminar. Ich rufe später noch einmal an.

C

○ Ja, gut. Dann geben Sie mir doch bitte
die Durchwahl von der Kantine.

○ Hallo, Richter hier. Können Sie mich bitte
zu Frau Seifert durchstellen?

○ Nein, da ist im Moment niemand da.
Die haben schon Feierabend. Können
Sie vielleicht morgen früh noch einmal
anrufen?

○ Die ist leider nicht mehr im Haus.

○ Ist denn sonst jemand aus der Kantine
da? Es geht um eine Veranstaltung.

○ Vielen Dank. Auf Wiederhören.

○ Ja, gern, das ist die 265.

etwas ↔ nichts	
schon ↔ noch nicht	
jemand ↔ niemand	

C3 Rollenspiel

Wählen Sie mit Ihrer Partnerin / Ihrem Partner
eine Situation. Spielen Sie Telefongespräche.
Verwenden Sie passende Sätze aus C2.

Anrufer/in
Sie wollen Frau … sprechen.
Sie rufen später noch
einmal an.

Anrufer/in
Sie möchten Herrn … aus der
Export-Import-Abteilung oder
sonst jemanden aus der Abteilung
sprechen.

Firma
Herr … ist nicht da.
Es ist niemand sonst da. –
bitte später anrufen
etwas ausrichten?

Firma
Frau … ist nicht da.

Anrufer/in
bitte mit Frau … verbinden
Durchwahl geben

Firma
Frau … ist außer Haus.
Durchwahl: 253

D1 Was macht Mitarbeiter zufrieden?

Was passt? Lesen Sie das Interview und ordnen Sie die Fragen zu.

~~Was empfehlen Sie Betrieben~~   was tun deutsche Unternehmen für ihre Mitarbeiter
Stimmt das   Können Sie Beispiele nennen   Geld ist also nicht immer der Hauptgrund für einen Job

---

Was macht Mitarbeiter zufrieden?

Viele Betriebe suchen Mitarbeiter mit einer guten Ausbildung und möchten sie lange im Betrieb beschäftigen. Aber wie kann eine Firma gute Mitarbeiter behalten? Was muss sie tun? Das erzählt Martina Henschel im Interview. Sie arbeitet für eine große deutsche Unternehmensberatung.

Gute Mitarbeiter sollen viele Jahre in einer Firma arbeiten. Frau Henschel, _____
5 _____ ?

Noch nicht sehr viel, leider. Aber viele Chefs erkennen, dass sie etwas tun müssen und beginnen allmählich mit Maßnahmen.

  Was empfehlen Sie Betrieben ?
Sehr wichtig sind flexible Arbeitszeiten. Das bedeutet: Die Mitarbeiter müssen nicht jeden Tag zu einer bestimm-
10 ten Zeit, zum Beispiel von 8 bis 17 Uhr, in der Firma sein. Sie können ihre Arbeitszeit individuell planen.

_____ ?

Sehr beliebt ist das so genannte Arbeitszeitkonto: Ein Mitarbeiter muss zum Beispiel 38 Stunden pro Woche arbeiten, aber er wählt selbst: Wie lange arbeite ich pro Tag? Wichtig ist nur: Am Ende der Woche sind es 38 Stunden. Auch Homeoffice finden
15 Arbeitnehmer sehr interessant: Sie müssen dann nicht jeden Tag ins Büro fahren, sie können zu Hause arbeiten. Die modernen Kommunikationsmittel machen so ein Arbeitszeitmodell möglich.

Viele Menschen haben lieber mehr Freizeit. _____ ?
Ja. Sie möchten Teilzeit arbeiten, zum Beispiel nur 70 Prozent. Manche sind dann jeden Tag weniger Stunden
20 in der Firma, andere haben einen oder zwei Tage pro Woche frei. Sie verdienen natürlich auch nicht so viel.

_____ ?

Natürlich ist eine gute Bezahlung wichtig. Aber immer mehr junge Menschen möchten im Job noch etwas lernen und finden Angebote für Weiterbildungen sehr wichtig. Dafür akzeptieren sie auch geringeren Lohn. Für junge Arbeitnehmer mit Familie und
25 vor allem für Alleinerziehende ist ein Betrieb außerdem interessant, wenn er Kinderbetreuung anbietet. Das ist Mitarbeitern oft sehr wichtig.

D2 Was ist richtig? Lesen Sie noch einmal und kreuzen Sie an.

a ☒ Unternehmen machen noch nicht sehr viel für ihre Mitarbeiter.
b ○ Arbeitnehmer möchten ihre Arbeitszeit gern flexibel planen.
c ○ Mitarbeiter mit einem Arbeitszeitkonto müssen zu Hause arbeiten.
d ○ Nur wenige Menschen möchten Teilzeit arbeiten, weil sie dann
    zu wenig verdienen.
e ○ Junge Mitarbeiter motivieren Angebote für Weiterbildung
    und Kinderbetreuung.

> [SCHON FERTIG? Was ist für
> Sie in einem Betrieb
> wichtig / nicht so wichtig?
> Schreiben Sie eine Liste.

E Arbeit und Freizeit

E1 Arbeiten in Deutschland

a Was meinen Sie? Was ist richtig? Kreuzen Sie an und sprechen Sie im Kurs.

1 Wie viele Stunden pro Woche arbeiten die deutschen Arbeitnehmer durchschnittlich?
   ○ 34 Stunden   ○ 41,5 Stunden   ○ 43 Stunden

2 Wie viele Urlaubstage haben deutsche Arbeitnehmer durchschnittlich?
   ○ 14 Tage   ○ 21 Tage   ○ 30 Tage

3 Wie viele Feiertage gibt es durchschnittlich in Deutschland?
   ○ 5–7 Tage   ○ 9–13 Tage   ○ 14–17 Tage

> *Vielleicht / Wahrscheinlich arbeiten die Deutschen durchschnittlich …*
> *Ich glaube, die Deutschen haben …*
> *Ich denke, es gibt …*
> *Ja, das glaube / denke ich auch.*
> *Nein, das glaube / denke ich nicht.*
> *Vielleicht …*
> *Keine Ahnung.*

b Welche deutschen Feiertage kennen Sie? Erzählen Sie.

> *Feiertage in Deutschland? Keine Ahnung.*

> *Da gibt es doch zum Beispiel den Nationalfeiertag. Ich glaube, der ist im Oktober und heißt „Tag der Deutschen Einheit".*

E2 Arbeitszeit und Freizeit

a Was bedeutet das? Verbinden Sie.

1 Überstunden machen — Man arbeitet nicht, aber man bekommt Lohn.
2 der Arbeitnehmer — Das ist eine Firma / eine Person. Sie bietet Arbeit.
3 der Arbeitgeber — Im Arbeitsvertrag steht zum Beispiel: Man muss 37,5 Stunden pro Woche arbeiten. Man arbeitet aber 40 Stunden.
4 freihaben, z. B. an einem Feiertag — Das ist eine Person. Sie ist in einer Firma angestellt.

b Lesen Sie und vergleichen Sie mit Ihren Antworten in E1.

Arbeitszeit, Urlaubs- und Feiertage

Deutsche Arbeitnehmer arbeiten in der Regel 38,5 Stunden pro Woche. Die Arbeitszeit ist aber nicht überall gleich. In der Indus-
5 trie muss man nur 35 Stunden pro Woche arbeiten, in Geschäften 37,5 Stunden und in Ämtern 40 Stunden. Das steht genau in den Arbeitsverträgen. Aber: Viele Menschen
10 arbeiten mehr und machen Überstunden. Wenn man auch diese mitzählt, arbeiten die Deutschen durchschnittlich 41,5 Stunden pro Woche. Das ist europäischer Durchschnitt. Die Österreicher und Schweizer dagegen liegen mit 43 Stunden
15 darüber. Noch mehr arbeiten die Menschen in Marokko (rund 44 Stunden) und in Island mit rund 45 Stunden pro Woche.
Wenn man aber die Urlaubstage ansieht, dann sind die Deutschen internationale Spitze: Rund
20 30 Tage Urlaub haben viele deutsche Angestellte pro Jahr, also ganze sechs Wochen. Die anderen deutschsprachigen Länder haben nicht so viele Urlaubstage: in Österreich und der
25 Schweiz gibt es durchschnittlich nur 25 Tage Urlaub. In Kanada und China gibt es sogar nur zehn Urlaubstage.

Zu den Urlaubstagen kommen in Deutschland noch neun bis 13 Feiertage. Auch
30 in Österreich gibt es zwölf bis 13 Feiertage und in der Schweiz gibt es in den Kantonen acht bis 14 Feiertage. Noch mehr Feiertage gibt es in Südkorea und
35 Slowenien (15 Tage). Am meisten Feiertage (16) gibt es in Japan und Indien – dort haben die Arbeitnehmer aber nicht so viel Urlaub. Wenn man die Urlaubs- und Feiertage in den deutschsprachigen Ländern zusammenzählt, haben
40 Arbeitnehmer in Deutschland insgesamt acht Wochen, in Österreich gut sieben und in der Schweiz zwischen sieben und acht Wochen frei.

c Lesen Sie den Text auf Seite 52 noch einmal und ergänzen Sie die Länder.

45,0	
44,0	
43,0	
43,0	Schweiz
41,5	Deutschland

durchschnittliche Arbeitszeit
(Stunden pro Woche)

30	
25	
25	
10	
10	China

Urlaubstage (pro Jahr)

16	
16	Indien
15	
15	
9–13	
12–13	
8–14	

Feiertage (pro Jahr)

E3 Erzählen Sie. Recherchieren Sie auch im Internet.

Wählen Sie ein Land. Wie viele Tage Urlaub
hat man durchschnittlich in dem Land?
Gibt es viele Feiertage? Welche?

> Bei uns / In … arbeitet man / hat man / gibt es …
> Das gilt auch / nicht für …
> Es gibt … in …
> Bei uns / In … ist das anders. / auch so.

> In der Türkei hat man nur
> 14 Tage Urlaub. Nach fünf Jahren
> bekommt man rund 20 Tage.

> In Polen gibt es 13 Feiertage, glaube
> ich. Ostersonntag, Ostermontag, den
> Nationalfeiertag, …

E4 Partnerinterview: Arbeit und Freizeit

a Was meinen Sie? Machen Sie Notizen zu den Fragen.

b Fragen Sie dann Ihre Partnerin / Ihren Partner
und notieren Sie die Antworten. Erzählen Sie dann.

	Ich	Meine Partnerin / Mein Partner
1 Was ist viel Arbeit? Was meinen Sie?	50 Stunden/Woche	50 Stunden/Woche
2 Wie viel Urlaub im Jahr braucht man mindestens?	vier Wochen	
3 Welchen Feiertag mögen Sie am liebsten?		
4 Was machen Sie in der Pause?		
5 Was machen Sie nach der Arbeit am liebsten?		

◆ Ich finde, 50 Stunden pro Woche sind viel Arbeit.
○ Ja, das finde ich auch. Und man braucht
mindestens drei Wochen Urlaub.
◆ Das sehe ich anders. Man braucht
mindestens vier Wochen Urlaub.

> **SCHON FERTIG?** Schreiben
> Sie weitere Fragen.

Grammatik und Kommunikation

Grammatik

1 Konjunktion: *wenn* `ÜG` 10.11

a Hauptsatz vor dem Nebensatz

	Konjunktion	Ende
Ich kann Ihnen kein Zimmer geben,	wenn Sie keine Bestätigung	haben.

b Nebensatz vor dem Hauptsatz

Konjunktion	Ende	⚠
Wenn Sie keine Bestätigung	haben,	(dann) kann ich Ihnen kein Zimmer geben.

2 Ratschlag: *sollen* im Konjunktiv II `ÜG` 5.12

ich	sollte
du	solltest
er/es/sie	sollte
wir	sollten
ihr	solltet
sie/Sie	sollten
Du solltest Detektiv werden.	

Was machen Sie, wenn Sie freihaben? Schreiben Sie vier Sätze mit *wenn*.

> Wenn ich freihabe, gehe ich oft spazieren. Ich mache ..., wenn ...

ich
er/es/sie │ sollte

Geben Sie Ratschläge.

> Sie sollten früh ins Bett gehen.

Kommunikation

ETWAS VERMUTEN: Ich denke, es gibt ...

Vielleicht/Wahrscheinlich arbeiten die Deutschen durchschnittlich ...
Ich glaube, die Deutschen haben ...
Ich denke, es gibt ...
Ja, das glaube/denke ich auch. / Nein, das glaube/denke ich nicht.
Vielleicht ...
Keine Ahnung.

ETWAS VERGLEICHEN: In ... ist das anders.

Bei uns / In ... arbeitet man / hat man / gibt es ...
Das gilt auch/nicht für ...
Es gibt ... in ...
Bei uns / In ... ist das anders. / auch so.
Das sehe ich anders.

AM TELEFON: Können Sie mich mit ... verbinden?

Können Sie mich bitte mit Frau/
Herrn ... verbinden?

Ist Frau/Herr ... schon im Haus?
Können Sie mich bitte zu Frau/
Herrn ... durchstellen?

Ist denn sonst jemand aus der
Abteilung/Kantine da?

Ich versuche es später noch einmal.
Ich rufe später noch einmal an.
Geben Sie mir doch bitte die
Durchwahl von ...
Vielen Dank. Auf Wiederhören.

Tut mir leid, die/der ist gerade
nicht am Platz.

... ist (noch) nicht da.

... ist leider nicht mehr im Haus.

Da ist im Moment niemand da.
Die haben schon Feierabend.
Soll sie/er zurückrufen, wenn
sie/er kommt?
Kann ich ihr/ihm etwas ausrichten?
Können Sie vielleicht morgen früh
noch einmal anrufen?

Ja, gern, das ist die 256.

Schreiben Sie ein Telefongespräch.

Guten Tag, hier ist ...

Sie möchten noch mehr üben?

2 | 12–14
AUDIO-
TRAINING

VIDEO-
TRAINING

Lernziele

Ich kann jetzt ...

A ... Zusammenhänge ausdrücken:
   Wenn Sie online reserviert haben, dann haben Sie sicher eine
   Reservierungsbestätigung bekommen. _____ ☹ 😐 🙂
B ... Ratschläge geben: *Sie sollten zum Berufsberater gehen.* _____ ☹ 😐 🙂
C ... Telefongespräche führen: *Können Sie mich mit ... verbinden?* _____ ☹ 😐 🙂
D ... ein Interview verstehen: *Sehr wichtig sind flexible Arbeitszeiten.* ___ ☹ 😐 🙂
E ... einen Sachtext verstehen: *Deutsche Arbeitnehmer arbeiten*
   durchschnittlich 41,5 Stunden pro Woche. _____ ☹ 😐 🙂

Ich kenne jetzt ...

... 10 Wörter zum Thema
Arbeit und Freizeit:
die Teilzeit, ...
_____
_____

... 5 Wörter zum Thema *Hotel*:
die Reservierung, ...
_____
_____

Die Arbeit macht ihr Spaß.

1 Gisela Specht ist Illustratorin. Was meinen Sie?
Was braucht sie alles für ihre Arbeit? Kreuzen Sie an.

○ ● die Federn

○ ● die Farben

○ ● das Telefon

○ ● die Pinsel

○ ● der Computer mit Drucker und Scanner

○ ● das Internet

○ ● die Radiergummis

○ ● der Arbeitstisch

○ ● die Bonbons

○ ● die Ruhe

○ ● das Papier

○ ● das Sonnenlicht

○ ● die Bücher

2 Sehen Sie den Film an und vergleichen Sie.

Beruferaten: Was bin ich von Beruf?

Wählen Sie einen Beruf und schreiben Sie ihn auf ein Kärtchen. Notieren Sie auch drei Informationen zu Ihrem Beruf. Lesen Sie im Kurs die erste Information vor. Die anderen raten. Wenn die anderen Ihren Beruf noch nicht wissen, lesen Sie die zweite Information vor, usw.

Altenpfleger/in   Arzt/Ärztin   Bäcker/in
Beamter/Beamtin   Blumenhändler/in
Busfahrer/in   Erzieher/in   Fotograf/in
Friseur/in   Fußballprofi   Journalist/in
Kaufmann/Kauffrau   Kellner/in   Koch/Köchin
Krankenpfleger/Krankenschwester
Lehrer/in   Mechaniker/in
Polizist/in   Sänger/in   Taxifahrer/in   ...

Friseur/in
1 Ihr kommt manchmal zu mir.
2 Ich arbeite oft
  mit einer Schere.
3 Ich mache eure Haare schön.

Der kleine Mann: Schluckauf

Lesen Sie den Comic. Haben Sie auch einen Tipp gegen Schluckauf? Sammeln Sie alle Tipps im Kurs.

Du solltest einen Kaugummi kauen.

Sport und Fitness

Folge 5: Übung macht den Meister!

1 Sehen Sie die Fotos an.

a Was meinen Sie?
Wer sagt das?
Kreuzen Sie an.

	Sandra	Tim	Herr Schramm
1 Ich bewege mich zurzeit nicht genug.	○	○	○
2 Ich bin in einem Latin-Dance-Club.	○	○	○
3 Ich interessiere mich sehr für den Tanzsport.	○	○	○
4 Wann findet denn das Basketballtraining statt?	○	○	○
5 Komm, ich zeige dir jetzt mal den Samba-Schritt.	○	○	○

2 ◀)) 15–22   **b** Hören Sie und vergleichen Sie.

Tims Film

2 🔊 15–22   **2 Hören Sie noch einmal und korrigieren Sie.**

Tim fühlt sich nicht so gut, weil er zu wenig ~~schläft~~. Sandra
lädt Tim in ihren Latin-Dance-Club ein, aber Tim findet:
Basketball ist kein Sport.
Das sieht seine Kollegin anders. Sie schickt Tim ein
Trainingsvideo. Tim probiert den Tanz sogar aus.
Doch er fällt dabei hin. Auf Tanzen hat Tim große Lust.
Er möchte lieber Basketball spielen und ruft bei einem
Sportverein an. Gleich am Nachmittag kann er zum
Probetraining kommen.
Am nächsten Tag erzählt Tim Sandra von dem Training und
seinen Tanzversuchen und lernt den Samba-Schritt von
Herrn und Frau Schramm.

Sport macht

3 „Übung macht den Meister!" Mögen Sie Sport?
Welche Sportart können Sie besonders gut?

Ich mache nie Sport. Das macht keinen Spaß!

Ich schwimme sehr gern und kann das auch gut.

A Ich **bewege mich** zurzeit nicht genug.

2 🔊 23 A1 Ergänzen Sie. Hören Sie dann und vergleichen Sie.

◆ Was ist los, Tim? Du siehst müde aus.

○ Ja. Ich fühle _____ auch nicht so toll.

◆ Vielleicht bewegst du _____ zu wenig?

○ Ja, das stimmt schon. Ich bewege _mich_ zurzeit nicht genug.

Reflexive Verben		
ich	bewege	mich
du	bewegst	dich
er/es/sie	bewegt	sich
wir	bewegen	uns
ihr	bewegt	euch
sie/Sie	bewegen	sich

auch so: sich fühlen, …

A2 Bewegungstipps

a Lesen Sie den Text und ordnen Sie zu.

 ○ Ernährung ○ Entspannung *1* Bewegung

SCHLUSS MIT MÜDIGKEIT: So werden Sie wieder fit!

Sie fühlen sich immer müde? Hier unsere Tipps:

1 Bewegen Sie sich regelmäßig! Schon ein kurzer Spaziergang hilft.
Tipp: Verabreden Sie sich mit Freunden.

2 Machen Sie Pausen: Ruhen Sie sich regelmäßig aus und entspannen Sie sich. Wenn
Sie schlecht einschlafen, dann duschen Sie sich vor dem Schlafengehen warm.

3 Sie sollten sich gesund ernähren. Trinken Sie viel Wasser oder Tee und essen Sie viel
Obst und Gemüse. Dann fühlen Sie sich sofort besser.

b Lesen Sie noch einmal. Markieren Sie in a wie im Beispiel und machen Sie eine Liste.

sich bewegen, …

Reflexive Verben
Sie fühlen sich müde?
Bewegen Sie sich regelmäßig!
Sie sollten sich gesund ernähren.

SCHON FERTIG? Schreiben Sie
eigene Tipps gegen Müdigkeit.

A3 Spielen Sie Gespräche wie in A1.

◆ Was ist los? Du siehst müde aus.

○ Ja. Ich fühle mich auch
nicht so toll.

◆ Vielleicht ärgerst du dich zu viel.

~~sich zu viel ärgern~~   sich nicht gesund ernähren
sich zu wenig ausruhen   sich nicht genug entspannen

🔁 A4 Pantomime: Arbeiten Sie in Gruppen. Eine Person spielt, die anderen raten.

◆ Was mache ich?

○ Schminkst du dich?

◆ Ja, das ist richtig.

sich rasieren   sich schminken   sich umziehen
sich kämmen   sich waschen   sich beeilen
sich anziehen   sich konzentrieren   sich beschweren

B1 Und Sie? Interessieren Sie sich für …? Fragen Sie und antworten Sie.

> *Wissen Sie, ich interessiere mich sehr für den Tanzsport.*

> *Interessierst du dich für …?*
> *+ Ja, eigentlich schon. / ++ Ja, sehr.*
> *– Nein, eigentlich nicht. / – – Nein, überhaupt nicht.*

◆ Interessierst du dich für den Tanzsport?
○ Nein, überhaupt nicht.

- Modezeitschriften ● Computer
- die deutsche Geschichte
- das Oktoberfest ● die Sportnachrichten
- die Fußballweltmeisterschaft
- die Wettervorhersage ...

Verben mit Präpositionen	
sich interessieren für	● den Tanzsport
	● das Oktoberfest
	● die Fußballweltmeisterschaft
	● die Sportnachrichten

B2 Lesen Sie die Nachricht.

a Markieren Sie wie im Beispiel: Was gefällt Tim gut?

> **E-Mail senden**
>
> Liebe Lara,
> wie geht's? Hier ist alles toll!!! Ich warte leider noch auf ein Mitarbeiterzimmer im Hotel.
> Aber über meine Nachbarn kann ich mich wirklich nicht beschweren. Die sind alle sehr
> nett. Und mit meinem Job im Hotel bin ich auch sehr zufrieden. Manchmal ärgere ich
> mich über unhöfliche Gäste, aber meistens macht die Arbeit großen Spaß.
> Ich habe Dir noch gar nicht von meinem neuen Hobby erzählt: Ich spiele jetzt Basketball
> im Sportverein. Morgen treffe ich mich mit ein paar Mannschaftskollegen. Wir sehen uns
> zusammen das Basketball-Finale an. Und Du? Was machst Du so?
> Ich freue mich schon sehr auf Deinen Besuch!
> Tim

b Lesen Sie noch einmal und suchen Sie die fehlenden Wörter in a. Ergänzen Sie dann die Tabelle.

Verben mit Präpositionen	Akkusativ
warten *auf*	● den Mann
	● das Kind
	dich

auch so: sich beschweren *über* ,
sich freuen _____ , sich ärgern _____ , ...

Verben mit Präpositionen	Dativ
zufrieden sein _____	● dem Mann
	● dem Kind
	dir

auch so: erzählen _____ ,
sich treffen _____ , ...

B3 Schreiben Sie Sätze. Wer findet die meisten Sätze in fünf Minuten?

sich treffen mit   sich interessieren für
sprechen mit   telefonieren mit
sich kümmern um   träumen von
Angst haben vor   ...

> *Ich träume oft von einem Urlaub in der Karibik.*
> *Ich habe Angst vor Hunden.*

C Darauf habe ich keine Lust.

C1 Ordnen Sie zu.

~~Darauf~~   Worauf   Auf

◆ Du interessierst dich nicht so für das Tanzen, oder?

○ Ehrlich gesagt: nein ... _Darauf_ habe ich keine Lust.

◆ _____ hast du dann Lust?

○ Keine Ahnung. ... _____ Sport.

◆ Tanzen ist Sport.

> **Verben mit Präposition, Präpositionaladverb, Fragewort**
>
> Ich habe keine Lust auf Tanzen.
> Ich habe keine Lust darauf.
> Worauf hast du dann Lust?

2 ◀)) 24–26 C2 Sportnachrichten

a Hören Sie die Gespräche und ordnen Sie zu.

	Tennis	Eishockey	Handball
Gespräch			1

b Ordnen Sie zu. Hören Sie dann noch einmal und vergleichen Sie.

Goldmedaille   ~~Frauenhandball~~   Weltmeisterschaft   Woche   beginnt   finde

1 ◆ Das gibt's doch nicht. Jetzt haben die verloren.

  ○ **Interessierst** du dich jetzt auch **für** _Frauenhandball_ ? **Wofür** interessierst du dich eigentlich nicht?

  ◆ Im Moment läuft doch die _____. **Dafür** interessiere ich mich schon.

2 🔺 Morgen _____ die Eishockey-Saison. Darauf freue ich mich schon die ganze _____.

  ◻ Na, ich weiß nicht, Eishockey _____ ich ziemlich brutal.

3 ✚ Olympische _____ für Steffi Graf? Daran kann ich mich gar nicht mehr erinnern.

  ● Ich schon. Das war 1988.

c Markieren Sie in b wie im Beispiel und ergänzen Sie die Tabelle.

Verben mit Präposition	Präpositionaladverb	Fragewort
sich interessieren für	_dafür_	_Wofür_ ...?
sich freuen auf		Worauf ...?
sich erinnern an		Woran ...?

> { **SCHON FERTIG?** Welche Wörter kennen Sie noch? Ergänzen Sie die Tabelle.

🔁 C3 Interview: Schreiben Sie fünf Fragen und notieren Sie Ihre Antworten.

Finden Sie Gemeinsamkeiten? Erzählen Sie dann im Kurs.

denken an   sich freuen über   sich ärgern über   sprechen über   Lust haben auf   zufrieden sein mit   ...

◆ Ich denke gern an die Ferien.

○ Daran denke ich auch gern.

◆ Ich freue mich über ein Kompliment. Worüber freust du dich?

...

	Ich	Wer noch?
1 Woran denkst du gern?	An die Ferien.	Fujita
2 Worüber freust du dich?	Über ein Kompliment.	
3 ...		

D1 Ordnen Sie zu.

| ○ Gymnastik | ○ Tischtennis | ○ Yoga | ○ Volleyball | Ⓖ Fitnesstraining | ○ Handball | ○ Segeln |

A   B   C   D   E   F   G

2 ◀) 27–29   D2 Betriebssport-Information

Für welche Sportart interessieren sich die Anrufer? Hören Sie und ergänzen Sie.
Hören Sie dann noch einmal und ergänzen Sie die Tabelle weiter.

	Sportart	Training wann?	Kosten?
Gespräch 1			
Gespräch 2			*2,50 / 3 Euro für Angehörige*
Gespräch 3			

D3 Rollenspiel: Lesen Sie die Broschüre und spielen Sie Telefongespräche.

HARBURGER SPARKASSE – BETRIEBSSPORTGEMEINSCHAFT

MITGLIEDS-BEITRAG	Mitarbeiter: 2,50 Euro pro Monat / Azubis: 1,50 Euro pro Monat
	Ehe- / Lebenspartner und Familienangehörige: 3,00 Euro pro Monat
ANGEBOT	**Volleyball:** Kontakt Julian Kleiber 040/2345-1234, Di 18:30–20:00 Uhr (Turnhalle Michael-Schule)
	Yoga: Informationen bei Sandra Seiz 040/2345-8765, Mi 19:00–20:00 Uhr
	Tennis: Kontakt Johann Wyss, Anfänger Mi 18:00–19:00 Uhr, Fortgeschrittene Do 19:00–20:00 Uhr (+ zusätzliche Gebühr)

> Sie möchten gern Volleyball spielen.
> Sie sind Auszubildende/r (Azubi).

> Sie möchten gern Yoga machen.

> Sie möchten mit Ihrer Frau Tennis spielen. Sie sind beide Anfänger.

◆ Harburger Sparkasse / …,
… am Apparat, guten Tag!

◦ Guten Tag! Hier …
◦ Ich interessiere mich für … /
Ich möchte gern …
◦ Gibt es da auch eine Anfängergruppe?

◆ Ja, es gibt verschiedene Gruppen /
auch eine Anfängergruppe.
◆ Kommen Sie doch einfach mal vorbei.

◦ Das klingt gut / interessant.
Wann findet das Training statt?

◆ Das ist immer montags / … von … bis … Uhr.

◦ Und wie viel kostet … / Wie teuer ist … für
Azubis / Familienangehörige / …?

◆ Für … kostet das … Euro pro Monat.
◆ Der Mitgliedsbeitrag beträgt … Euro im Monat.

◦ Vielen Dank für die Informationen.
Auf Wiederhören.

◆ Bitte. / Gern geschehen. Dann bis … /
Auf Wiederhören.

E Aktiv bleiben

E1 Wie halten Sie sich gesund und fit?

a Sehen Sie die Fotos an. Was machen die Personen?
Wie oft machen Sie das? Erzählen Sie.

> Die Personen auf Foto 1 joggen.
> Das mache ich nie. Ich finde das langweilig.

1 | 2 | 3 | 4

b Welches Foto aus a passt? Überfliegen Sie den Text und ordnen Sie zu.

WIE HALTEN SIE SICH GESUND UND FIT?

② Bewegung im Alltag

Nur wenn man sich genug bewegt, bleibt man
gesund! Zu wenig Bewegung ist neben dem
Rauchen und einer schlechten Ernährung eine
5 häufige Ursache für Krankheiten. Die meisten
Menschen sitzen zu viel: am Schreibtisch, vor
dem Bildschirm, vor dem Fernseher. Etwas mehr
Bewegung im Alltag tut dem Körper und der
Gesundheit gut. Und das ist gar nicht schwer:
10 Wenn es nicht zu weit ist, können Sie zum Beispiel
zu Fuß zur Arbeit gehen. Nehmen Sie außerdem
öfter mal die Treppe und nicht den Aufzug. Das
hält fit. Auch beim Telefonieren können Sie ein
wenig hin- und hergehen, wenn es Ihre Kollegen
15 nicht stört. Und: Gehen Sie in der Mittagspause
kurz an der frischen Luft spazieren. Danach können Sie sich auch besser konzentrieren.

◯ 10.000 Schritte

Jeder soll 10.000
20 Schritte pro Tag
gehen – das empfiehlt
die Weltgesundheits-
organisation (WHO).
Einige Ärzte sagen
25 aber auch: Es reichen

schon 6.000 Schritte. Untersuchungen haben
gezeigt: Eine Person mit einem Bürojob geht
ungefähr 2.000 Schritte pro Tag, eine Kellnerin
in einem Restaurant 5.000. Wer schnell geht,
30 schafft 1.000 Schritte in ungefähr 10 Minuten.
Sie sollten also täglich mindestens eine Stunde
zu Fuß gehen. Wenn Sie tagsüber bei der Arbeit
viel sitzen, können Sie abends einen Spaziergang

machen: Schon eine halbe Stunde reicht, und Sie
35 haben 3.000 Schritte gemacht.

◯ Sport muss nicht teuer sein

Sie müssen sich nicht in einem teuren Fitness-
studio anmelden. Es geht auch preiswert.
Sehr einfach und effektiv ist das Joggen: Wenn
40 Sie nicht gern laufen, können Sie auch einfach
schnell gehen. Ein Trend ist das sogenannte
Nordic-Walking: schnelles Gehen mit zwei
Stöcken. Auch Tischtennis ist eine günstige
Sportart. In vielen deutschen Städten gibt es
45 Tischtennisplatten auf Spielplätzen und in Parks.
Man kann sie kostenlos nutzen. Außerdem bieten
viele Krankenkassen für ihre Mitglieder kostenlose Kurse an, wie zum Beispiel Fitness- oder
Rückenkurse und Lauftrainings.

50 ◯ Radfahren

In Deutschland
ist das Radfahren
sehr beliebt.
80 Prozent der
55 deutschen Haus-
halte haben ein
Fahrrad, durch-

schnittlich gibt es sogar 2,4 Fahrräder pro Haushalt. Die Deutschen benutzen es vor allem auf
60 kurzen Strecken. Wer tagsüber neun Kilometer
Fahrrad fährt, muss abends nicht noch extra Sport
machen. Außerdem ist man mit dem Rad flexibel
und in der Stadt bei bis zu fünf Kilometern oft so
schnell wie mit dem Auto. Und es ist auch noch
65 gut für die Umwelt!

c Lesen Sie den Text in b noch einmal und verbinden Sie.

1 Es ist nicht gut für die Gesundheit, wenn
2 Nach einem Spaziergang in der Mittagspause kann
3 Einige Ärzte empfehlen:
4 Bei einem 30-minütigen Spaziergang kann
5 Joggen, Walken und Tischtennis
6 Bei vielen Krankenkassen gibt es
7 In Deutschland ist das Radfahren beliebt, weil
8 Für Kurzstrecken in der Stadt bis 5 Kilometer gilt:

a man 3.000 Schritte schaffen.
b kostenlose Sportangebote.
c es gut für die Umwelt und gesund ist.
d Mit dem Auto spart man meistens keine Zeit.
e sind günstige Sportarten.
f Man sollte 6.000 Schritte pro Tag gehen.
g man sich besser konzentrieren.
h man viel am Schreibtisch sitzt und sich zu wenig bewegt.

SCHON FERTIG? Finden Sie noch mehr Fitness-Tipps für den Alltag:
viel schlafen, …

⇆ **E2 Mal ehrlich!**

Lesen Sie die Fragen. Wie reagieren Sie? Erzählen Sie.

Sie besuchen einen Freund.
Er wohnt im vierten Stock.
Nehmen Sie die Treppe
oder den Aufzug?

Normalerweise machen Sie jeden
Morgen zehn Minuten Yoga.
Aber heute sind Sie noch sehr müde.
Was machen Sie?

Sie gehen dienstags immer mit
Ihren beiden Freundinnen joggen.
Heute haben beide keine Zeit.
Joggen Sie allein?

Der Supermarkt ist gleich in Ihrer
Nähe. Sie fahren immer mit dem
Fahrrad zum Einkaufen. Heute regnet
es stark. Nehmen Sie das Auto?

Ehrlich gesagt …
Wenn ich ehrlich bin, …
Das ist doch klar.
Das ist doch selbstverständlich.
Das finde ich etwas übertrieben.

Ich nehme auch bei Regen
das Fahrrad. Das ist doch klar.
Ich fahre nie mit dem Auto
zum Supermarkt.

Bei Regen? Nein, das finde
ich etwas übertrieben.
Ehrlich gesagt nehme ich
dann das Auto.

Grammatik und Kommunikation

Grammatik

1 Reflexive Verben ⟨ÜG⟩ 5.24

	sich bewegen	
ich	bewege	mich
du	bewegst	dich
er/es/sie	bewegt	sich
wir	bewegen	uns
ihr	bewegt	euch
sie/Sie	bewegen	sich

Sie fühlen sich müde?
Bewegen Sie sich regelmäßig!
Sie sollten sich gesund ernähren.

auch so: sich anziehen, sich ärgern, sich ausruhen, sich beeilen, sich beschweren, sich duschen, sich entspannen, sich interessieren, sich kämmen, sich konzentrieren, sich rasieren, sich schminken, sich umziehen, sich verabreden, sich waschen ...

Sie zieht sich an.

Sie zieht ihren Bruder an.

2 Verben mit Präpositionen ⟨ÜG⟩ 5.23

Akkusativ				
warten auf	• den Mann	• das Kind	• die Frau	• die Leute

auch so: sich ärgern über, sich beschweren über, denken an, sich erinnern an, sich freuen auf, sich freuen über, sich kümmern um, Lust haben auf, sprechen über ...

Dativ				
zufrieden sein mit	• dem Mann	• dem Kind	• der Frau	• den Leuten

auch so: Angst haben vor, erzählen von, sprechen mit, telefonieren mit, träumen von, sich treffen mit ...

Was passt? Verbinden Sie.

warten
sich interessieren ——— an
denken ——— auf
Lust haben mit
sich erinnern über
sich ärgern für
sich verabreden von
träumen

TiPP

warten auf

Lernen Sie Wortgruppen immer zusammen.

Schreiben Sie Gespräche mit *Lust haben auf, sich ärgern über* ...

♦ Ärgerst du dich über die Musik?
○ Nein, darüber ärgere ich mich nicht.
♦ Worüber ...

3 Präpositionaladverbien und Fragewörter ⟨ÜG⟩ 5.23

Verb mit Präposition	Präpositionaladverb	Fragewort
sich interessieren für	dafür	Wofür ...?
Lust haben auf	darauf	Worauf ...?
(sich) erinnern an	daran	Woran ...?
sich ärgern über	darüber	Worüber ...?
zufrieden sein mit	damit	Womit ...?
träumen von	davon	Wovon ...?

Ich habe keine Lust auf Tanzen.
→ Ich habe keine Lust darauf.
→ Worauf hast du dann Lust?

⚠ da/wo + **r** + a/e/i/o/u

sich erinnern an: Wo**r**an? da**r**an

Kommunikation

JEMANDEN NACH SEINEN INTERESSEN FRAGEN: Du interessierst dich ...?

Du interessierst dich nicht so für ..., oder?

Woran denkst du gern?

Worüber ärgerst du dich oft?

Worauf hast du (dann) Lust?

ANTWORTEN ABSTUFEN: Ja, sehr.

Interessieren Sie sich für ...? / Interessierst du dich für ...?

Ja, sehr. | Ja, eigentlich schon.

Nein, eigentlich nicht. | Nein, überhaupt nicht.

SICH ANMELDEN / INFORMATIONEN ERFRAGEN: Ich interessiere mich für ...

Ich interessiere mich für ... / Ich möchte gern ...

Gibt es da auch eine Anfängergruppe?

Das klingt gut/interessant.

Wann findet das Training statt?

Wie viel kostet ...? / Wie teuer ist ... für Azubis/Familienangehörige/...?

Vielen Dank für die Informationen.

DIE EIGENE MEINUNG AUSDRÜCKEN: Ehrlich gesagt ...

Ehrlich gesagt ... | Wenn ich ehrlich bin, ...

Das ist doch klar. | Das ist doch selbstverständlich.

Das finde ich etwas übertrieben.

Und Sie? Schreiben Sie.

> Ich interessiere mich
> für ... und für ...
> Ich denke gern an ...
> und an ...
> Ich habe oft Lust auf ...
> und auf ...

Was möchten Sie noch über die Betriebssportgruppe wissen? Sammeln Sie Fragen.

> Wie groß ist die
> Gruppe? ...

Sie möchten noch mehr üben?

2 | 30–32 AUDIOTRAINING   VIDEOTRAINING

Lernziele

Ich kann jetzt ...

A ... Gesundheitstipps verstehen: *Sie fühlen sich immer müde? Bewegen Sie sich regelmäßig!* _____ ☹ ☺ ☺

B ... meine Interessen ausdrücken: *Ich interessiere mich für Fußball.* ☹ ☺ ☺

C ... jemanden nach seinen Interessen fragen: *Du interessierst dich nicht so für das Tanzen, oder?* _____ ☹ ☺ ☺

D ... nach Informationen fragen und mich beim Betriebssport anmelden: *Gibt es da auch eine Anfängergruppe?* _____ ☹ ☺ ☺

E ... meine Meinung sagen: *Ehrlich gesagt nehme ich dann das Auto.* ☹ ☺ ☺

Ich kenne jetzt ...

... 6 Sportarten:

Tanzen, ...

_____

_____

... 5 Gesundheits- und Fitnesstipps:

sich gesund ernähren, ...

_____

_____

LESEN

Frau Özer bleibt am Ball

Frau Özer, Ihr Vater Salih ist Türke und Ihre Mutter Barbara ist Deutsche. Erzählen Sie uns ein bisschen über Ihre Familie?

Mein Vater kommt aus Muş im Osten der Türkei. Er
5 ist 1985 nach Deutschland gekommen, als Erster aus seiner Familie. Ein paar Jahre später ist dann seine ältere Schwester auch hierher gekommen. Papa hat bei Opel in Rüsselsheim gearbeitet. Gewohnt hat er in Mainz-Bischofsheim. Dort hat er meine Mutter
10 kennengelernt. Sie kommt von da und hat Büro-kauffrau gelernt.

Ihr Vater spielte früher als Fußballprofi beim türki-schen Erstliga-Klub Muşspor, später dann auch für Eintracht Frankfurt und Darmstadt 98. Sie selbst
15 *spielen in der deutschen Bundesliga und auch Ihr Bruder Can ist ein leidenschaftlicher Fußballspieler …*

Jetzt haben Sie noch meine Mutter vergessen. Sie interessiert sich auch sehr für Fußball und sie hat für uns vieles erst möglich gemacht. Immer hat sie
20 uns zum Training oder zu den Spielen gefahren. Auch heute noch kümmert sie sich um alles und ist überall mit dabei.

Die Özers sind also eine richtige Fußball-Familie?

Ja, das stimmt. Fußball ist für uns sehr wichtig.
25 Für mich war es zuerst ja nur ein Hobby. Erst später habe ich gesehen, dass ich sogar einen Beruf daraus machen kann.

Und so haben Sie heute zwei Berufe.

Richtig. Nach meinem Realschulabschluss habe
30 ich auch eine Ausbildung als Kauffrau für Büro-kommunikation gemacht. Ich musste mich ja darum kümmern, wie ich später mein Geld verdiene.

Das klingt sehr vernünftig. Sie stehen mit beiden Beinen voll im Leben. Kann man das so sagen?
35 Na ja, ich denke immer positiv. Und ich möchte immer mein Bestes geben. Ich glaube, wenn man wirklich etwas will, dann kann man alles schaffen. Dann kann man auch Träume wahr machen.

Schlägt Ihr Herz mehr für Deutschland oder für
40 *die Türkei?*
Ich bin in Deutschland aufgewachsen. Hier lebe und arbeite ich und hier fühle ich mich zu Hause. Aber ein großer Teil meiner Familie ist türkisch und dann habe ich auch viele Freunde aus ganz
45 verschiedenen Ländern. Deshalb sage ich nicht „oder". Ich sage lieber „und": Mein Herz schlägt also für Deutschland und für die Türkei.

> **Deniz Özer**
> Geboren: 1987 in Flörsheim am Main ·
> Berufe: Profifußballerin, Kauffrau ·
> Verein: TSV Schott Mainz · Staatsange-
> hörigkeit: deutsch und türkisch · Das
> mag sie gern: Lachen, Döner essen, mit
> Freunden zusammen sein, Schokolade!!!

1 Lesen Sie den Text. Was ist richtig? Kreuzen Sie an.

a ⊠ Deniz ist in Deutschland geboren.
b ○ Alle in der Familie interessieren sich für Fußball, nur die Mutter nicht.
c ○ Deniz hat keine Ausbildung.
d ○ Deniz fühlt sich in der Türkei und in Deutschland wohl.
e ○ Deniz hat einen deutschen Pass.

2 Was ist Ihre Meinung zum Thema „Fußball"?

> *Für mich ist Fußball nicht so wichtig. Ich interessiere mich mehr für ...*

> *Ich spiele selbst gern Fußball. Mein Verein heißt ...*

Mach mit und fühl dich besser!

FMTP

Ein super Körper durch Sport? Davon träumt fast jeder. Aber auch für den Kopf ist Bewegung sehr wichtig. Wer sich bewegt, kann mehr lernen. Darum: Mach jeden Tag ein bisschen Sport und du kannst dich viel besser konzentrieren. Unser „**F**ünf-**M**inuten-**T**rainings-**P**rogramm" ist ideal als Lernpause im Deutschkurs. Ab sofort suchen wir dafür auch Trainer. Interessierst du dich dafür? Dann melde dich **jetzt** an und werde FMTP-Trainer für deinen Kurs. **Wir freuen uns auf deine Bewerbung!**

1 Lesen Sie den Text. Was würden Sie als FMTP-Trainer/in machen? Füllen Sie die Bewerbung aus.

BEWERBUNG

Ja, ich möchte **FMTP** -Trainer
für unseren Deutschkurs werden.

Mein Name: _Mona_

Meine Lieblingssportart: _Gymnastik_

2 Stellen Sie Ihre Sportart vor. Machen Sie dann zusammen einen FMTP-Wochenplan für Ihren Kurs.

FMTP	montags	dienstags	mittwochs	donnerstags	freitags
Wer macht was?	Gymnastik (Mona)	Entspannungs- übung (Miriam)	Functional Training (Araya)	Sporttanz (Mehmet)	Bodyweight- Übung (Joe)

Am Montag könnte Mona Gymnastik mit uns machen.

Boah! So möchte ich auch aussehen!

2 🔊 33 **1** Was passt zusammen? Verbinden Sie.
Hören Sie dann und vergleichen Sie.

a Wenn du die Fotos siehst,
b So eine Figur kommt nicht von allein,
c Wenn du dich nicht bewegst,
d Man muss sich richtig ernähren:
e Ernährung und Bewegung,
f Jetzt laufe ich nach Hause

1 mehr Salat, mehr Obst, weniger Fett.
2 kriegst du den Bauch nie weg.
3 träumst du von so einer super Figur.
4 da muss man schon was dafür tun.
5 beides ist wichtig!
6 und stelle mich auf die Waage.

2 Wie möchte der Jogger gern aussehen? Was meinen Sie? Sprechen Sie.

Ausbildung und Karriere

Folge 6: Von nichts kommt nichts.

1 Schule und Studium

a Ordnen Sie zu.

- ○ • das Zeugnis
- ○ • das Schulfach
- ○ • die gute Note
- ⊘ • die schlechte Note

b Verbinden Sie.

1 ein Schuljahr schaffen — a Wer diese Schule besucht, kann später an der Universität studieren.
2 das Gymnasium — b Man spricht vor der Klasse / dem Kurs über ein Thema.
3 ein Referat halten — c Das ist die Abschlussprüfung an einem Gymnasium.
4 das Abitur — d Man muss eine Klasse nicht wiederholen.

c Wie heißt das Gegenteil? Ordnen Sie zu.   dumm   faul   schrecklich

1 fleißig – _____   2 intelligent – _____   3 toll – _____

Tims Film

3 ◀)) 1–8 **2 Sehen Sie die Fotos an. Was meinen Sie? Sprechen Sie.**
Hören Sie dann und vergleichen Sie.

Foto 2: Warum streiten Eva und Niki?   Foto 6: Was machen Tim und Niki?
Foto 7: Was macht Niki? Wo?   Foto 8: Was feiern Tim und die Familie?

3 ◀)) 1–8 **3 Was ist richtig? Hören Sie noch einmal und kreuzen Sie an.**

a ⊠ Eva ärgert sich, weil Niki schon wieder eine Fünf in Erdkunde bekommen hat.
b ○ Niki wollte auf das Gymnasium gehen.
c ○ Tim meint, dass Niki zu dumm für das Gymnasium ist.
d ○ Tim denkt, dass Niki leicht eine Vier in Erkunde schaffen kann.
e ○ Niki holt seine Schulsachen und lernt zusammen mit Tim.
f ○ Niki macht ein Referat, weil er seine Erdkundenote verbessern möchte.
g ○ Eva und Dimi freuen sich, weil Niki das Schuljahr nun doch schafft.

4 Wie finden Sie das Verhalten von Eva, Niki und Tim?

Ich finde, Tim macht das gut. Er ist nett, aber auch ein bisschen streng. Das ist wichtig, weil ...

A Ich **wollte** auf meiner Schule bleiben.

3 🔊 9 **A1 Ordnen Sie zu. Hören Sie dann und vergleichen Sie.**

~~wollte~~ musste durfte

◆ Ich _wollte_ auf meiner Schule bleiben.
○ Was?
◆ Aber ich _____ nicht.
   Ich _____ ja aufs Gymnasium gehen.

Modalverben: Präteritum		
wollen		wollte
können		konnte
sollen	ich	sollte
dürfen		durfte
müssen		musste

A2 Wünsche und Pläne: Sprechen Sie.

Frau Sicinski

wollen: Friseurin werden
aber sollen: eine Ausbildung als Sekretärin machen
nicht wollen: in einem Büro arbeiten
können: eine Ausbildung als Schneiderin machen

> *Frau Sicinski wollte Friseurin werden, aber sie sollte …*

Dimi

wollen: Architekt werden
aber nicht dürfen: studieren
müssen: eine Ausbildung in einer Spedition machen
können: später Logistikmanagement studieren

Modalverben: Präteritum	
ich	wollte
du	wolltest
er/es/sie	wollte
wir	wollten
ihr	wolltet
sie/Sie	wollten

auch so: konnte, sollte, durfte, musste

🔁 **A3 Was wollte … früher werden?**

📱 **a** Arbeiten Sie zu zweit. Suchen Sie ein Foto von einer Person (berühmte Person, Mutter/Vater, …). Machen Sie dann Notizen zu den Fragen.

1 Was wollte die Person als Kind/mit … Jahren werden?
2 Was wollte sie/er als Jugendliche/Jugendlicher werden?
3 Was musste/sollte/durfte die Person (nicht) machen?
4 Was konnte sie/er später machen?

als	Kind/Jugendliche/Jugendlicher
mit	11 (Jahren)

Meine Tante Klara
als Kind: Schauspielerin werden
als Jugendliche:

b Tauschen Sie Ihre Fotos und Notizen mit einem anderen Paar. Sprechen Sie.

◆ Klara wollte als Kind Schauspielerin werden.
○ Ja, und als Jugendliche wollte sie …

B Es ist wichtig, **dass** …

B1 Wer sagt was? Verbinden Sie.

a Es ist wichtig, dass man einen guten Schulabschluss hat.
b Es tut mir leid, dass ich das vorhin gesagt habe.
c Mir tut es ja auch leid, dass ich immer gleich laut werde.
d Es ist so schön, dass du das Schuljahr jetzt doch schaffst.
e Ich glaube, dass Erdkunde ab sofort mein Lieblingsfach ist.

> Konjunktion: *dass*
>
> Es ist wichtig, dass man einen guten Schulabschluss hat .

auch so: Ich glaube, dass … / Es tut mir leid, dass … / Es ist schön, dass …

3 ◄)) 10 B2 Schulstress

a Was sagen Felix, Mika und Valentina? Hören Sie und kreuzen Sie an.

	hat … Stress			hat … Noten		
	keinen	ein bisschen	viel	gute	mittlere	schlechte
Felix	○	○	⊗	○	○	○
Mika	○	○	○	○	○	○
Valentina	○	○	○	○	○	○

b Was ist richtig? Hören Sie noch einmal und kreuzen Sie an.

Felix: Gute Noten sind ⊗ sehr ○ nicht wichtig.
             Ich möchte später ○ studieren. ○ eine Ausbildung machen.
             Aber ich habe ○ zu wenig ○ genug Zeit für Hobbys.

Mika: Freizeitaktivitäten und Hobbys sind ○ nicht so ○ sehr wichtig.
             Man muss herausfinden, welche Interessen man hat. Man kann sonst
             später nicht ○ den richtigen Beruf ○ das richtige Hobby finden.

Valentina: Zu viel Stress ist nicht gesund. Man muss regelmäßig ○ Hausaufgaben
             ○ Pausen machen. Man kann sonst ○ müde ○ krank werden.

c Vergleichen Sie mit Ihrer Partnerin / Ihrem Partner.

◆ Felix meint, dass gute Noten sehr wichtig sind.
○ Ja, genau. Und er sagt, dass er später studieren möchte.
◆ Er findet, dass er …

| Er/Sie | sagt/meint/ denkt/glaubt/ findet, | dass … |
| | ist sicher, | |

⇄ B3 Wählen Sie zwei Themen. Machen Sie Notizen und sprechen Sie dann in Gruppen.

- Sind Noten in der Schule wichtig?
- Sollen Mädchen und Jungen in verschiedene Klassen gehen?
- Sollen Schüler den ganzen Tag in der Schule bleiben?
- Sollen Schüler auch am Samstag zur Schule gehen?

> *Ja, Noten sind wichtig, ohne Noten lernt man nicht gut.*

◆ Ich finde Noten wichtig. Sonst lernt man nicht gut.
○ Ich finde Noten nicht so wichtig.
▲ Meinst du, dass Mädchen und Jungen in verschiedene
   Klassen gehen sollen?
◆ Ja, gute Idee! / Keine schlechte Idee!

| Meinst du (auch),
Findest du (auch),
Glaubst du (auch),
Bist du (auch) sicher, | dass …? |

C Schule

C1 Das deutsche Schulsystem: Sehen Sie das Schema an. Welche Schulen kennen Sie?

In Deutschland hat jedes Bundesland ein eigenes Schulsystem. Hier eine einfache Grafik:

			Klasse
Berufsausbildung: Berufsschule und praktische Ausbildung (duales System)	Diplom/Bachelor/Master **UNIVERSITÄT / (FACH)HOCHSCHULE**		
	Abitur Mittlere Reife Hauptschulabschluss	Abitur **GYMNASIUM**	12. / 11. / 10. / 9.
Hauptschulabschluss/Quali **HAUPTSCHULE / MITTELSCHULE**	Mittlere Reife **REALSCHULE**	**GESAMTSCHULE** (Gymnasium + Realschule + Hauptschule/Mittelschule)	8. / 7. / 6. / 5.
GRUNDSCHULE			4. / 3. / 2. / 1.
KINDERGARTEN (3–6 Jahre, freiwillig)			
KRIPPE (0–3 Jahre, freiwillig)			

3 ◄)) 11–13 C2 Unsere Schulzeit

a Welche Aussage passt? Hören Sie die Interviews und ordnen Sie zu.

Anne Wagner, 32

Alexandre Rochat, 42

Daniel Holzer, 19

○ Er wollte kein Abitur machen und ist jetzt Mechatroniker.
○ Die Zeit in der Realschule war toll, findet er. Er und seine Freunde hatten viel Spaß.
○ Sie ist immer gern zur Schule gegangen. Ihre Lieblingsfächer waren Mathe und Physik.

b Hören Sie noch einmal und ergänzen Sie.

	Vor der Schule?	Welche Schule?	Ausbildung/Beruf?
Anne			
Alexandre	/		Tischler
Daniel			

Schulfächer
Biologie, Physik, Chemie, Erdkunde/Geografie, Kunst, Geschichte, Deutsch/Englisch/Französisch/ ..., Mathematik, Sport, Musik, Sozialkunde

⇄ C3 Partnerinterview: Ihre Schulzeit

Ergänzen Sie den Fragebogen. Sprechen Sie dann mit Ihrer Partnerin / Ihrem Partner.

	Ich	Meine Partnerin / Mein Partner
1 Lieblingsfächer? Warum?	Mathematik, Noten gut, ...	
2 Lieblingslehrer? Warum?		
3 Welche Lehrer nicht gefallen? Warum?		
4 Welche Fächer nicht gefallen? Warum?		

◆ Mein Lieblingsfach war Mathematik, weil meine Noten in Mathe gut waren.
○ Echt? Ich habe Mathematik gehasst. Das war mir zu schwierig.

Mein Lieblingsfach / Mein Lieblingslehrer war ... | .... habe ich gehasst/geliebt. | Schön/Langweilig war auch immer ... | Im Unterricht mussten/durften wir ... | Die Lehrer waren streng/toll.

D1 Lesen Sie die Kursangebote und markieren Sie die Kurstitel: Technik = blau, Gesundheit = grün, Beruf = rot, Kultur und Gesellschaft = gelb.

Kursangebot FRÜHJAHR

A Gehirn-Jogging –
So bleibt Ihr Gehirn gesund und fit
Nicht nur der Körper braucht Bewegung, auch das Gehirn! In diesem Kurs erfahren Sie, wie Sie sich besser konzentrieren und trainieren mit spielerischen Übungen Ihre mentale Leistungsfähigkeit.
8 Termine, Mi 17:30–19:00 Uhr
Beginn: Mi 3. März, 5–12 TN*

B Lieder aus aller Welt
Sie haben Freude am Singen? Unser Chor singt lebendige Weltmusik aus vielen Ländern der Welt. Wir machen auch Übungen zur Stimmbildung. Chor-Erfahrung ist nicht notwendig.
Auftritte sind möglich.
14 Termine, Mo 17:45–19:15 Uhr
Beginn: Mo 1. März, 12–30 TN

C Endlich Ordnung in meinem Computer!
Wie kann ich in meinem Computer am besten Ordnung halten? Wie speichere ich Dateien so, dass ich sie wiederfinde? Wie lösche ich Ordner/ Dateien? Wie räume ich auf meiner Festplatte auf? Voraussetzung: Windows-Kenntnisse
10 Termine, Di 19:00–21:00 Uhr
Beginn: Di 2. März, 7–12 TN

D Computer für Fortgeschrittene
Sie haben schon Erfahrung mit dem Internet? Welche Add-ons oder Plug-ins helfen und welche stören? Hier lernen Sie mehr über den Umgang mit Suchmaschinen und Web-Katalogen.
1 Termin, So 8. Mai, 10:00–17:00 Uhr, 7–12 TN

E Filmcafé Europa
Bei Kaffee oder Tee können Sie Fernseh- und Kinofilme aus fünf europäischen Ländern sehen – lassen Sie sich überraschen! Sie bekommen einen Einblick in die Politik, die Wirtschaft und die Kultur der Länder.
5 Termine, So 14:15–16:15 Uhr
Beginn: So 7. März

* TN= Teilnehmerinnen/Teilnehmer

F Vortrag Bewerbungstraining
Wie bewirbt man sich richtig? Wie formuliert man das Bewerbungsschreiben? Wie präsentiert man sich beim Vorstellungsgespräch? Unsere Expertin zeigt Ihnen die besten Tipps und Tricks.
2 Termine, Sa/So 5./6. Juni,
9:00–14:00 Uhr, 7–20 TN

G Rhetorik II für Angestellte: Konflikttraining für mehr beruflichen Erfolg
Streit mit den Kollegen, Ärger mit dem Chef? Wie Sie Konflikte vermeiden und lösen können – das erfahren Sie in diesem Seminar. Voraussetzung: Sie haben am Kurs „Rhetorik I" teilgenommen.
2 Termine, Sa/So 5./6. April,
9:00–14:00 Uhr, 7–20 TN

H Schwierige Gespräche führen
Kündigungen, Lohnverhandlungen – solche Gespräche fürchten Arbeitgeber wie Arbeitnehmer. Wir nehmen Ihnen in diesem Seminar die Angst vor diesen Themen und zeigen, wie man schwierige Gespräche konstruktiv und effektiv führt.
2 Termine, Sa 13. März / Sa 27. März,
8:00–18:00, 5–12 TN

I Sicher Telefonieren im Beruf
Wie schaffe ich ein positives Gesprächsklima? Welche Frage- und Argumentationstechniken helfen mir? Wie verhalte ich mich in schwierigen Situationen? In diesem Kurs bekommen Sie eine Einführung in die Theorie und machen viele praktische Übungen.
6 Termine, Do 19:30–21:00 Uhr,
Beginn: Do 4. März, 8–12 TN

J Erste-Hilfe-Kurs
Ein Unfall im Straßenverkehr: Eine Person hat sich verletzt und blutet stark. Der Notarzt ist noch nicht da! Was tun? Wir zeigen Ihnen die richtigen Handgriffe in Notsituationen.
1 Termin, Sa 20. März, 8:30–15:00 Uhr, 7–12 TN

[SCHON FERTIG? Welche Kurse möchten Sie gern machen? Warum? Schreiben Sie.

3 ◄)) 14–18 D2 Hören Sie fünf Gespräche. Welcher Kurs aus D1 passt zu welchem Gespräch? Ordnen Sie zu.

Gespräch	1	2	3	4	5
Kurs	B				

E Mein Traumberuf

E1 Sind Traumberufe nur ein Traum?

a Was passt? Überfliegen Sie die Texte und ordnen Sie in der richtigen Form zu.

> Bankkaufmann/frau Fußballspieler/in Betriebswirt/in Journalist/in ~~Lehrer/in~~
> Pilot/in Polizist/in Programmierer/in Sportarzt/ärztin Tierarzt/ärztin

---

Sind Traumberufe nur ein Traum?

„Tierarzt", „Lehrerin", „Pilot" ... das antworten Kinder oft, wenn man sie nach ihrem Traumberuf fragt.
Aber: Was wird aus diesen Träumen? Heute fragen wir Euch: Was waren Eure Traumberufe?
Und: Was macht Ihr jetzt? Erzählt uns davon und schreibt einen Beitrag in unserem Forum.

Als ich 13 Jahre alt war, wollte ich _____Lehrerin_____ werden. Deutsch war mein Lieblingsfach
5 und ich hatte eine tolle Deutschlehrerin. Sie konnte sogar die deutsche Grammatik interessant
erklären. So eine gute Lehrerin wollte ich auch werden. Nach dem Abitur habe ich aber ein
Praktikum bei einer Zeitung gemacht. Das hat mir so gut gefallen, dass ich nun unbedingt
_____ werden will. Seit einem Jahr studiere ich Journalismus in
Gelsenkirchen und schreibe nebenbei für die Stadtzeitung.

Sophie, 20 Jahre

10 Schon mit fünf Jahren habe ich in meiner Heimatstadt Augsburg in einem Verein Fußball gespielt.
Später bin ich auf eine Sportschule gegangen. Ich wollte so gern _____
werden und bei Bayern München spielen. Das war mein großer Traum. Ich habe jeden Tag trainiert,
auch an den Wochenenden. Doch mit 15 Jahren habe ich mich verletzt und konnte nicht mehr
spielen. Ich musste ein neues Leben beginnen. Nach dem Abitur habe ich in Heidelberg Medizin
15 studiert. Das Studium war sehr schwer und ich hatte viele Prüfungen. Nach fünf Jahren an der Uni
mache ich jetzt das sogenannte Praktische Jahr in einer Klinik in Mannheim. Ich arbeite ein Jahr
lang im Krankenhaus und lerne viel. Nach meinem Abschluss möchte ich _____
werden und bei einem Fußballverein arbeiten.

Dominik, 26 Jahre

Als Kind wollte ich _____ werden und große Flugzeuge fliegen. Davon träumen
20 ja viele Jungen. Als ich elf Jahre alt war, habe ich mich dann aber schon mehr für Computer
interessiert. Mit zwölf habe ich meinen ersten eigenen Computer bekommen. Zuerst habe ich
vor allem Computerspiele gespielt, später habe ich mir auch kleine Spiele ausgedacht und sie
selbst programmiert. Seit zwei Jahren studiere ich Informatik an der Universität Zürich. Wenn ich
fertig bin, möchte ich als _____ arbeiten, in einer Firma für Computerspiele
25 oder vielleicht auch selbstständig.

Simon, 22 Jahre

Ich komme aus einer kleinen Stadt in der Nähe von Salzburg in Österreich. Meine Eltern haben dort
eine Firma. Sie stellen Maschinen für Bäckereien her und haben 500 Mitarbeiter. Die Maschinen
verkaufen sie in die ganze Welt. Früher habe ich mich nicht für den Betrieb interessiert. Als Kind
wollte ich _____ werden und kranken Tieren helfen. Als Jugendliche habe ich
30 aber ein Praktikum im Betrieb meiner Eltern gemacht und es hat mir gut gefallen. Das hat meine
Eltern gefreut. Sie wollten schon immer, dass ich später den Betrieb übernehme. Also werde ich
nun _____ und studiere seit einem Jahr Wirtschaft an der Universität in Salzburg. Das Fach ist sehr interessant. Nach dem Abschluss möchte ich zuerst noch Berufserfahrung
im Ausland sammeln und danach fange ich im Betrieb meiner Eltern an.

Maria, 23 Jahre

35 Ich mache seit einem Jahr eine Ausbildung als _____. Insgesamt dauert sie
drei Jahre und ist eine duale Ausbildung, d.h. ich besuche eine Woche im Monat eine Berufsschule
und arbeite den Rest der Zeit in einer Bank. Die Arbeit in der Bank gefällt mir aber besser als die
Schule. Ich mag den Kontakt mit den Kunden. Eigentlich wollte ich immer _____
werden. Aber ich habe die Sportprüfung bei der Bewerbung für die Polizei nicht bestanden.

40 Also habe ich mich nach dem Realschulabschluss bei einer Bank beworben.
Bis jetzt gefällt es mir ganz gut.

Niklas,
18 Jahre

b Lesen Sie die Texte noch einmal und notieren Sie die Antworten.

1 Warum wollte Sophie Lehrerin werden?
   Was macht sie jetzt?
2 Warum konnte Dominik seinen Traum nicht realisieren?
   Wie war sein Studium?
3 Wann hat Simon sein Interesse für Computer entdeckt?
   Welche Pläne hat Simon nach dem Studium?
4 Was haben sich Marias Eltern für ihre berufliche Zukunft gewünscht?
   Welche Pläne hat Maria nach dem Studium?
5 Niklas macht eine duale Ausbildung. Was bedeutet das?
   Was gefällt ihm an der Arbeit als Bankkaufmann?

> 1 tolle Deutschlehrerin,
> Deutsch Lieblingsfach
> ...

c Schreiben zu zweit. Schreiben Sie zwei weitere Fragen zu den
Texten und fragen Sie dann ein anderes Paar.

> 1 Was hat Sophie nach dem Abitur gemacht?

> Was hat Sophie nach dem
> Abitur gemacht?

> Sie hat ein Praktikum bei
> einer Zeitung gemacht.

E2 Ihr Traumberuf: Was wollten Sie früher werden?

a Machen Sie Notizen zu den Fragen.

1 Was wollten Sie als Kind / mit ... Jahren werden?
2 Was wollten Sie als Jugendliche/Jugendlicher werden?
3 Was machen Sie jetzt?

> 1 Astronaut
> 2 Musiker

b Schreiben Sie. Sammeln Sie die Texte ein und verteilen
Sie sie neu. Lesen Sie und raten Sie: Wer hat das geschrieben?

> Mit neun wollte ich Astronaut werden und als Jugendlicher wollte
> ich am liebsten Musiker werden. Nach der Schule habe ich dann aber
> ein Handwerk gelernt. Später ... Jetzt arbeite ich als ...

◆ Hast du das geschrieben, Malek? Du wolltest doch Astronaut werden.
○ Ja, das stimmt. Aber ich habe den Text nicht geschrieben.
▲ Ich glaube, der Text ist von ...

Grammatik und Kommunikation

Grammatik

1 Modalverben: Präteritum ⓊⒼ 5.09 – 5.12

	müssen	können	wollen	dürfen	sollen
ich	musste	konnte	wollte	durfte	sollte
du	musstest	konntest	wolltest	durftest	solltest
er/es/sie	musste	konnte	wollte	durfte	sollte
wir	mussten	konnten	wollten	durften	sollten
ihr	musstet	konntet	wolltet	durftet	solltet
sie/Sie	mussten	konnten	wollten	durften	sollten

Was mussten/wollten/konnten Sie letztes Wochenende machen? Schreiben Sie.

Am Samstag musste ich früh aufstehen. Ich wollte ...

2 Konjunktion: *dass* ⓊⒼ 10.06

	Konjunktion	Ende
Es ist wichtig,	dass man einen guten Schulabschluss	hat.

auch so: Ich denke/finde/meine/glaube/bin sicher/ ..., dass ...
Es tut mir leid, dass ...
Es ist schön, dass ...

TiPP

dass steht nach bestimmten Ausdrücken. Machen Sie eine Liste.

Es ist schön, dass ...

Kommunikation

ÜBER DEN BERUFSWEG SPRECHEN: Als Kind wollte ich ...

Was wollten Sie als Kind/mit ... Jahren werden?

Was wollten Sie als Jugendliche/Jugendlicher werden?

Was machen Sie jetzt?

Als Kind/Mit neun (Jahren)/Als Jugendliche/r wollte ich ... werden.

Ich wollte ..., aber ich konnte/durfte nicht. Ich musste/sollte ...

Später/Nach der Schule/Nach dem Abitur habe ich dann studiert/eine Ausbildung als ... gemacht.

Jetzt bin ich ... von Beruf./Jetzt arbeite ich als ...

Ihr Beruf: Zeichnen Sie und/oder schreiben Sie.

Als Kind ...   Als Jugendliche(r) ...

Jetzt ...   Später ...

Als Kind wollte ich Tänzerin werden.

JEMANDEN NACH SEINER MEINUNG FRAGEN: Findest du (auch), dass ...?

Meinst/Findest/Glaubst du (auch), dass ...?
Bist du (auch) sicher, dass ...?

SEINE MEINUNG SAGEN: Ich finde, dass ...

Ich denke/finde/meine/glaube/bin sicher, dass ...
Es ist wichtig, dass ...
Ich finde ... wichtig.

GEFÜHLE/VERSTÄNDNIS AUSDRÜCKEN: Es tut mir leid, dass ...

Es tut mir (so) leid/Mir tut es leid, dass ...
Es ist schön, dass ...

ÜBER DIE SCHULZEIT SPRECHEN: Mein Lieblingsfach war Mathe.

Mein Lieblingsfach/Mein Lieblingslehrer war ...
... habe ich gehasst/geliebt.
Schön/Langweilig war auch immer ....
Im Unterricht mussten/durften wir (nicht) ...
Die Lehrer waren streng/toll.

ZUSTIMMEN: Gute Idee!

Ja, das stimmt.
Ja, genau.
Gute Idee!
Keine schlechte Idee!

Was ist im Deutschkurs wichtig? Schreiben Sie.

Ich finde, dass man viel sprechen muss. ...

Was sagen die Personen? Schreiben Sie Sätze.

Es tut mir leid, dass du krank bist. ...

Mein Lieblingslehrer. Warum? Schreiben Sie fünf Sätze.

Meine Lieblingslehrerin war Frau Saidi.
Sie war meine Lehrerin in der Grundschule.
Sie war total nett und nicht streng. ...

Sie möchten noch mehr üben?

3 | 19–21 AUDIO-TRAINING

VIDEO-TRAINING

Lernziele

Ich kann jetzt ...

A ... über Wünsche und Pläne aus der Kindheit/Jugend erzählen: *Sie wollte als Kind Schauspielerin werden.* _____ ☹ ☺ ☻

B ... meine Meinung ausdrücken: *Es ist wichtig, dass man einen guten Schulabschluss hat.* _____ ☹ ☺ ☻

C ... von meiner Schulzeit erzählen: *Mein Lieblingsfach war Mathematik.* _____ ☹ ☺ ☻

D ... Aus- und Weiterbildungsangebote verstehen: *Sicher telefonieren im Beruf* _____ ☹ ☺ ☻

E ... über den Traumberuf erzählen: *Eigentlich wollte ich immer Polizist werden.* _____ ☹ ☺ ☻

Ich kenne jetzt ...

... 10 Wörter zum Thema *Ausbildung und Beruf:*
das Studium, ...

... 5 Schulfächer:
Erdkunde, ...

Zwischendurch mal ...

① Und noch eine Übung und noch ein Test.
Mein Kopf ist schon voll, ich bin super gestresst.
Und noch eine Prüfung und noch ein Schein.
Weiter, weiter, weiter! Da geht noch was rein.

② _____ genau, dass Bildung für mich wichtig ist.
_____, dass Lernen für mich richtig ist.
_____, dass es hier um meine Zukunft geht.
Ich habe das verstanden. Ich bin ja nicht blöd.

③ Und noch eine Übung und noch ein Test.
Mein Kopf ist schon voll, ich bin super gestresst.
Und noch eine Prüfung und noch ein Schein.
Weiter, weiter, weiter? Nein, nein, nein, nein!

④ Ich glaube, es ist besser, ich mach jetzt mal Schluss.
_____, dass man immer lernen muss?
_____, dass es im Leben nur um Arbeit geht?
Für heute ist's genug. Ich bin ja nicht blöd.

⑤ Ich mach' keine Übung und auch keinen Test.
Mein Kopf ist zu voll, ich bin super gestresst.
Ich mach' keine Prüfung und auch keinen Schein.
Ich mach' jetzt 'ne Pause. Es geht nichts mehr rein.

super gestresst!

3 ◀)) 22 **1** Hören Sie das Lied und ergänzen Sie.

2 Sind Sie auch manchmal „super gestresst"? Was machen Sie dann? Was hilft am besten?

> Ich trinke
> immer Tee.
> Das hilft.

„Deutschland wird alt"
Warum wir Zuwanderung brauchen

3 ◀)) 23–25 **1** Hören Sie ein Interview zum Thema „Deutschland wird alt" in Abschnitten und ergänzen Sie die Diagramme. Hören Sie dann noch einmal und vergleichen Sie.

Ⓐ Durchschnittsalter

Land	Jahre
Deutschland	45
Russland	
USA	
China	
Brasilien	
Indien	
Südafrika	
Ägypten	
Österreich	
Schweiz	

B   Entwicklung der Altersgruppen

C   Normales Rentenalter in Deutschland

—— 20 bis 60 Jahre alt   ----- über 60 Jahre alt

früher	heute	in Zukunft?
_____ Jahre	_____ Jahre	_____ Jahre

2 Wie ist die Situation in Ihrem Land? Recherchieren Sie im Internet und vergleichen Sie.

SCHREIBEN

Als Kind ... **wollte ...** **durfte ...** **musste ...** **sollte ...** **konnte ...** **ich ...**

A   Als Kind musste ich Gitarre lernen. Zuerst wollte ich nicht. Aber dann konnte ich schon bald ganz gut spielen und sollte sogar bei einem Konzert mitmachen. Aber dann bin ich krank geworden und durfte nicht dabei sein.

B   Als Kind sollte ich immer Gemüse essen. Ich wollte aber lieber etwas Süßes haben. Aber das durfte ich nicht. Ich musste zuerst das Gemüse aufessen. Dann konnte ich mir ein Stück Schokolade holen.

1 Sehen Sie die Fotos an und lesen Sie die Geschichten. Welches Foto passt? Zeigen Sie.

2 Wählen Sie dann ein Foto und schreiben Sie eine Geschichte mit *wollen, sollen* ... Oder schreiben Sie eine Geschichte aus Ihrer Kindheit.

> Als Kind wollte ich so gern ein Haustier haben. Aber ich ...

Feste und Geschenke

Folge 7: Das kannst du laut sagen.

1 Ein Fest mit den Nachbarn

a Sehen Sie die Fotos an. Was meinen Sie?

– Warum feiern Tim und seine Freunde ein Fest?
– Wer ist der unbekannte Mann auf den Fotos 6 bis 8?

3 ◀ఆ) 26–33   **b** Hören Sie und vergleichen Sie.

3 ◀ఆ) 26–33   **2 Was ist richtig? Hören Sie noch einmal und kreuzen Sie an.**

a Was ist Tims Problem?
    ○ Er weiß nicht: Soll er ins Hotel ziehen?
    ○ Er weiß nicht: Darf er Lara zum Hoffest einladen?

b Was bereiten die Freunde für das Fest vor?
    ○ Frau Sicinski kauft Stühle und einen Tisch. Tim kocht
      das Essen und Eva organisiert die Getränke.
    ○ Paul backt einen Kuchen, Betty bastelt eine Karte,
      Eva und Dimi organisieren das Essen und die Getränke.

Tims Film

c   Was feiern die Freunde auch?
    ○ Nikis Noten sind jetzt besser.
    ○ Lara kommt zu Besuch.

d   Wer hat das Tzatziki gemacht und wie schmeckt es?
    ○ Dimi. Das Tzatziki schmeckt nicht, weil zu viel Knoblauch drin ist.
    ○ Tim. Das Tzatziki schmeckt lecker.

e   Wie entscheidet sich Tim?
    ○ Er zieht um.
    ○ Er bleibt in der Düsterstraße.

3 Feste planen und feiern: Erzählen Sie.

    – Was haben Sie zuletzt gefeiert und mit wem?
    – Was haben Sie für das Fest vorbereitet?
    – Haben Sie etwas mitgebracht? Ein Geschenk? Essen?

> Vor zwei Wochen hatte meine Freundin Geburtstag. Sie hat alle ihre Freunde eingeladen. Ich habe einen Kuchen gebacken.

A Ich habe **meinem Mann** ... gekauft.

A1 Geschenke

Lesen Sie die Aussagen und ergänzen Sie die Tabelle.

Früher haben wir jedes Jahr ein Hoffest gemacht. Ich habe meinem Mann Gartenstühle gekauft.

1

Was ich gerade mache? Ich backe meiner Nachbarin einen Kuchen. Sie hat morgen Geburtstag.

2

Nominativ		Dativ	Akkusativ
Wer?		Wem? (Person)	Was? (Sache)
Ich	habe	• _____ Mann	Gartenstühle gekauft.
Ich	kaufe	• mein**em** Baby	einen Teddy.
Ich	backe	• _____ Nachbarin	einen Kuchen.
Ich	schenke	• mein**en** Freunden	ein Buch.

auch so: dein-, sein-, ihr-, ...; ein-, kein-

A2 Was schenken/kaufen Kristina und Jan wem zu Weihnachten?

Schreiben Sie. Vergleichen Sie dann mit Ihrer Partnerin / Ihrem Partner.

Kristina

Espresso-maschine

Pralinen

Kochbuch

Mütze

Mama und Papa

Nachbarn:
Maria und Harald

Jans Freundin Lena

Baby von
Familie Müller

Konzertkarten

Flasche Wein

Kette

Teddy

Jan

Kristina schenkt ihren Eltern eine Espressomaschine. Jan kauft ihnen Konzertkarten.

Personalpronomen Dativ

Wem? (Person)

mir, dir, ihm/ihm/ihr,
uns, euch, ihnen/Ihnen

WIEDERHOLUNG

A3 Spiel: Geschenke raten

Wer bekommt was? Ordnen Sie jeder Person ein Geschenk zu und notieren Sie. Spielen Sie mit Ihrer Partnerin / Ihrem Partner: Wer hat zuerst alle Geschenke erraten?

• die Tante   • der Bruder
• die Schwester   • der Vater
• die Mutter   • der Opa

• die Puppe 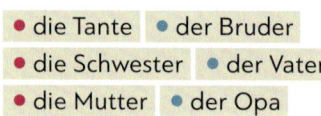   • der DVD-Player
• das Parfüm   • die Handcreme
• das Motorrad   • der Geldbeutel

◆ Schenkst du deiner Mutter eine Handcreme?
○ Nein. Aber kaufst du ihr ein Parfüm?
◆ Ja.

[**SCHON FERTIG?** Sammeln Sie Geschenkideen für Ihre Familie oder Ihre Freunde.

~~meiner Mutter: ein Parfüm~~	meiner Schwester: eine Puppe
meiner Tante: eine Handcreme	meinem Opa: ein Motorrad

B1 Wer oder was ist hier gemeint? Kreuzen Sie an.

♦ Probieren Sie doch mal das Tzatziki, Herr Wagner.

o Ich kann es Ihnen nur empfehlen.

a es = ○ Joachim Wagner ○ das Tzatziki

b Ihnen = ○ Joachim Wagner ○ das Tzatziki

Stellung der Objekte

Dimi empfiehlt Joachim Wagner das Tzatziki.

Dimi empfiehlt   es ⟷ ihm.

B2 Serviceangebote

a Welche Anzeige passt? Ordnen Sie zu.

1 ○ Tobias soll ein Fest organisieren, aber er hat keine Lust.

2 ○ Tobias hat Hunger, aber er kann nicht kochen.

B

HOCHZEIT, KINDERGEBURTSTAG
ODER GRILLPARTY:

Wir kümmern uns um Ihre Feier.
Sie haben einen Sonderwunsch?
Nennen Sie ihn uns einfach.
Wir finden immer eine Lösung.
www.partyservice-meingast.de

A

Keine **Lust** *auf Kochen?*

Pizza, Nudeln, feine Weine –
Sie bestellen Ihr Wunschgericht
und wir liefern es Ihnen schnell
und zuverlässig.
www.lieferendo.de

b Sehen Sie die grünen und roten Wörter in a an
und markieren Sie wie im Beispiel.

B3 Arbeiten Sie zu zweit. Fragen Sie und antworten Sie.

♦ Kannst du mir die Schachtel da rübergeben?

o Moment, ich gebe sie dir gleich.
Ich muss nur noch schnell die Rechnung ausdrucken.

• die Schachtel   • das Klebeband   • die Schnur   • das Packpapier
• der Adressaufkleber   • das Geschenkpapier   • die Briefmarken

⇄ B4 Sätze bilden

a Schreiben Sie mit Ihrer Partnerin / Ihrem Partner drei Sätze auf Zettel wie im Beispiel.

~~zeigen~~ (mit-)bringen geben bestellen holen kaufen empfehlen anbieten erklären

Wir | zeigen | unseren | Freunden | Fotos | .

Wir | zeigen | ihnen | Fotos | .   Wir | zeigen | sie | ihnen | .

b Mischen Sie die Zettel und geben Sie sie einem anderen Paar.
Es ordnet die Sätze. Vergleichen Sie.

C Feste feiern

C1 Sehen Sie die Fotos an.

Über welches Fest schreiben Katrin und Miriam? Was machen die Leute auf dem Fest? Sprechen Sie.

12. März

Hey Miriam, gleich geht's los. Wir sind schon in der Kirche und in zehn Minuten beginnt die Trauung. 😊 Wahnsinnig viele Leute hier und eine ganz feierliche Stimmung.　　13.50 Uhr

Huhu Katrin! Oh Mann, zu blöd, dass ich krank bin! 😷😷 Grüß alle von mir!!! Viel Spaß, Miriam
　　13.55 Uhr

Jetzt ist die Trauung schon vorbei. Es war wunderschön. Stell Dir vor, ich habe sogar geweint. Fast alle haben geweint, nur die Braut nicht. Schau mal!　　15.15 Uhr

Ich weine auch immer auf Hochzeiten! 😢😢😢 Und ja: Typisch Celia!　　15.30 Uhr

Wow, das ist wirklich eine große Feier hier – bestimmt 200 Gäste!　　15.50 Uhr

Hmmm, super lecker, die Hochzeitstorte!　　16.02 Uhr

Aber eine Panne: 😮 Die beiden haben die Torte angeschnitten, dabei ist sie fast runtergefallen. Celias Kleid – voller Sahne!　　16.04 Uhr

Übrigens haben sich Celia und Valentin total über Dein Geschenk gefreut. Super Idee, die Espressomaschine! ☕😊　　16.06 Uhr

Juhu! Jetzt esst Ihr bestimmt schon, oder? Wie ist es denn?　　18.32 Uhr

Ja, wir essen! Lecker! 😋😋　　18.45 Uhr

Mein Abendessen: Suppe! 😔😔　　18:59 Uhr

Hier: der Brautwalzer.　　20.10 Uhr

Valentin ist Celia auf das lange weiße Kleid getreten und beide sind fast hingefallen. Hahaha! 😂　　20.17 Uhr

Ups! Da war Valentin wohl ein bisschen nervös, was? 😊　　20.19 Uhr

Und danach haben sie auch noch einen Walzer mit ihren Eltern getanzt: Wenigstens die Eltern können tanzen! 😜👍

20.46 Uhr

Übrigens: Ich sitze neben Jonas! 😊
Du erinnerst Dich?

21.00 Uhr

Jonas?!?! Hach, den würde ich auch gern mal wieder sehen!

21.07 Uhr

Seine Frau ist auch hier! 😊

21.10 Uhr

Ah ja! 👀 👀 So, ich gehe jetzt ins Bett. Mir geht es echt nicht gut!

21.11 Uhr

13. März

Miri, bist Du schon wach? Und geht es Dir besser? Du, das war noch eine wilde Feier. Alle haben getanzt: Jung und Alt. Tolle Musik, super Stimmung. 🕺 Ich war erst um fünf Uhr zu Hause. Lass uns mal bald einen Kaffee trinken gehen, dann erzähle ich Dir alles, auch über Jonas. 😊

12.00 Uhr

C2 Lesen Sie die Nachrichten in C1.

a Was passt? Verbinden Sie.

1 Zuerst   hat das Brautpaar einen Walzer getanzt.
2 Dann   hat die Trauung stattgefunden.
3 Später   haben bis spät in die Nacht getanzt und gefeiert.
4 Nach dem Abendessen   haben alle zu Abend gegessen.
5 Alle   hat es Kuchen gegeben und
                                 das Brautpaar hat die
                                 Geschenke ausgepackt.

SCHON FERTIG? Diese Feste waren besonders schön! Schreiben Sie.
Geburtstag von Klara: ...

b Was ist richtig? Kreuzen Sie an.

1 ○ Auf der Feier waren wenige Gäste.
2 ○ Celia hat in der Kirche geweint.
3 ○ Die Torte ist auf den Boden gefallen.

4 ○ Der Brautwalzer hat nicht so gut geklappt.
5 ○ Jonas ist nicht verheiratet.
6 ○ Das Fest hat Katrin sehr gut gefallen.

C3 Eine Hochzeit von einem Verwandten / Freund oder Ihre eigene Hochzeit

Machen Sie Notizen und erzählen Sie.

a Wer hat geheiratet? Wann und wo war die Hochzeit?
b Was hat die Braut / der Bräutigam getragen?
c Was hat es zu essen und zu trinken gegeben?
d Was für Geschenke hat das Brautpaar bekommen?
e Was war besonders lustig oder komisch?

a meine Schwester, letztes Jahr in ...

Das sind meine Schwester Bhavya und ihr Mann. Sie haben letztes Jahr in Bangalore geheiratet. Das Fest war sehr schön, ...

D Geschenke

3 ◀) 34 **D1 Eine Einladung**

a Was wünscht sich Martin von seinen Gästen?
Hören Sie das Gespräch und kreuzen Sie an.

○ Einen Gutschein.

○ Ein Glas Marmelade.

○ Geld.

○ Ein Fußballtrikot.

○ Eine Uhr.

> Martin wünscht sich
> von seinen Kollegen …

Präposition: von + Dativ

von	• mein**em**	Kollegen
	• mein**er**	Kollegin
	• mein**en**	Kollegen

b Hören Sie noch einmal. Welche Aussagen hören Sie?
Markieren Sie wie im Beispiel.

1 In Deutschland schenkt man Kollegen am besten Pralinen oder eine Flasche Wein.
2 Ich schenke ihm einen Gutschein. Ein Gutschein passt immer.
3 Ein Gutschein ist nicht persönlich genug, finde ich.
4 Ein Gutschein ist nicht besonders originell.
5 Man sollte den Kollegen nach seinen Wünschen fragen.
6 Ich schenke gern etwas Selbstgemachtes, denn das ist persönlich.
7 Ich denke, ich bringe ihm ein Glas von meiner Pflaumenmarmelade mit. Die kommt immer gut an.
8 Ist ein Glas Marmelade nicht ein bisschen wenig?
9 Ein Geschenk muss doch nicht teuer sein. Hauptsache, es kommt von Herzen.
10 Uhren sind in meinem Land als Geschenk tabu, weil sie den Tod symbolisieren.
11 Man kann doch kein Geld zum Geburtstag schenken!
12 Für ein Geschenk sollte man nicht zu viel Geld ausgeben.

c Zu welchen Fragen passen die Sätze aus b? Ordnen Sie zu.

A Was schenkt man einem Kollegen? _1, 5_

B Wie finden Sie Gutscheine oder Selbstgemachtes als Geschenk? _____

C Wie teuer darf ein Geschenk sein? _8,_

D Was sollte man auf keinen Fall schenken? _____

⇄ **D2 Ihre Meinung, Ihre Vorlieben**

Was schenken Sie Ihren Kollegen / Ihrer Familie /
Ihren Freunden gern? Machen Sie Notizen und erzählen Sie.

> Ich finde, …
> Ich schenke (nicht) gern …, weil …
> Am wichtigsten ist, dass … / Hauptsache, …
> In meinem Land … / In meiner Heimat …
> … darf man auf keinen Fall schenken. / … ist/sind tabu.

SCHON FERTIG? Das schenke ich nie.
Machen Sie eine Liste.

Kollegen → Gutscheine

> Ich schenke meinen Kollegen gern
> Gutscheine, weil …

3 ◀)) 35 **E1 Sabine und Khaled planen ein Fest.**

a Für welches Fest entscheiden sie sich? Hören Sie das Gespräch und kreuzen Sie an.

○ 1

○ 2

b Hören Sie noch einmal. Wer sagt was?
Ordnen Sie zu: Sabine (S) oder Khaled (K).

1 Ⓚ Man kann die Gäste per SMS einladen.
2 ○ Ich möchte mit Kollegen feiern.
3 ○ Ich möchte eine Tanzparty machen.
4 ○ Hauptsache, das Essen ist gut und wir unterhalten uns gut.
5 ○ Mir ist wichtig, dass der Raum groß ist und wir genug Platz haben.
6 ○ Man sollte eine Party zu Hause feiern.
7 ○ Ich finde es toll, wenn die Leute Spaß haben und die Stimmung gut ist.
8 ○ Ich finde, wir müssen den Raum nicht dekorieren.

⇄ **E2 Unser Fest**

a Planen Sie in kleinen Gruppen ein Fest mit einem Motto, z. B. Tänze und Musik aus aller
Welt, internationale Spezialitäten, Picknick im Grünen ... Was ist Ihnen wichtig? Was nicht?
Einigen Sie sich und machen Sie ein Plakat.

● das Budget ● die Gäste ● die Uhrzeit ● der Raum ● die Dekoration
● die Unterhaltung (● die Musik, ● das Feuerwerk ...) ● das Essen / ● die Getränke ...

Ich finde es toll, wenn ...
Mir ist ... wichtig. Mir ist wichtig, dass ...
Die Hauptsache ist, ...
Hauptsache, dass ...
Am wichtigsten ist, dass ...
Ich finde das nicht so toll.
Ist das wirklich so wichtig?
Muss das sein?

Herzlich willkommen
bei unserem Schulfest

Motto: Endlich Ferien!
Termin: letzter Schultag!
        20. Juli, ab 14 Uhr
● Leckeres Essen vom Grill
● Cocktailbar
● Ab 20 Uhr: DJ International

Bitte bringt gern eure Familien mit!

b Stellen Sie Ihr Fest vor und überzeugen Sie die anderen im Kurs: Sie sollen zu Ihrem Fest kommen.

Unser Motto ist ...   Unser Fest findet am ... um/ab ... Uhr statt.
Wir feiern in/im ... / zu Hause bei ... Ihr müsst ...
Unser Raum ist so dekoriert: ...   Zu essen/trinken gibt es ...
Und natürlich haben wir auch Musik: ...

Grammatik und Kommunikation

Grammatik

1 Dativ als Objekt: Possessivartikel und indefiniter Artikel `ÜG` 1.03, 2.04, 5.22

Wer?		Wem? (Person)		Was? (Sache)
Ich	habe	• mein**em**	Mann	Gartenstühle gekauft.
Ich	kaufe	• mein**em**	Baby	einen Teddy.
Ich	backe	• mein**er**	Nachbarin	einen Kuchen.
Ich	schenke	• mein**en**	Freunden	ein Buch.

auch so: dein-, sein-, ihr-, ...; ein-, kein-

2 Syntax: Stellung der Objekte `ÜG` 5.22

	Dativ(pronomen)	Akkusativ
Jan schenkt	ihnen	Konzertkarten.
Dimi empfiehlt	Joachim Wagner	das Tzatziki.
	Akkusativpronomen	Dativpronomen
Dimi empfiehlt	es	ihm.

3 Präposition: *von* + Dativ `ÜG` 6.04

von	• mein**em**	Kollegen
	• mein**em**	Kind
	• mein**er**	Kollegin
	• sein**en**	Kollegen
	mir	

Kommunikation

EMPFEHLUNG: Probieren Sie doch mal ...

Probieren Sie doch mal das Tzatziki.
Ich kann es Ihnen nur empfehlen.

Wem haben Sie schon mal etwas Selbstgemachtes geschenkt? Schreiben Sie.

> Ich habe meiner Freundin ...

Mein Lieblingsgeschenk: Was haben Sie bekommen? Von wem haben Sie das bekommen? Schreiben Sie.

> Mein Lieblingsgeschenk ist eine Kette. Ich habe sie von meiner Oma bekommen.

Geben Sie eine Empfehlung. Schreiben Sie Gespräche.

- der Fisch • der Salat
- der Kuchen • das Brot
- die Wurst

> ◆ Was soll ich essen?
> ○ Probier doch den Fisch. Ich kann ihn dir nur empfehlen.

VORLIEBEN AUSDRÜCKEN: Ich schenke gern ...

Ich finde, ...
Ich schenke (nicht) gern ..., weil ...
In meinem Land ... / In meiner Heimat ...
... darf man auf keinen Fall schenken. / ... ist/sind tabu.

WICHTIGKEIT AUSDRÜCKEN: Hauptsache, ...

Ich finde es toll, wenn ...   *Ich finde das nicht so toll.*
Mir ist ... wichtig. / Mir ist wichtig, dass ...   *Ist das wirklich so wichtig?*
Die Hauptsache ist, ...   *Muss das sein?*
Hauptsache, dass ...
Am wichtigsten ist, dass ...

ÜBER EIN FEST BERICHTEN: Unser Fest findet ... statt.

Unser Motto ist ...
Unser Fest findet am ... um/ab ... Uhr statt.
Wir feiern in/im ... / zu Hause bei ...
Ihr müsst ...
Unser Raum ist so dekoriert: ...
Zu essen/trinken gibt es ...
Und natürlich haben wir auch Musik: ...

Was schenken Sie gern?
Was schenken Sie auf keinen Fall?
Schreiben Sie.

> *Ich schenke gern ..., weil ...*
> *Ich schenke auf keinen*
> *Fall / nicht gern ..., weil ...*

Was finden Sie bei einem
Fest besonders wichtig?
Kreuzen Sie an und schreiben Sie.

○ viel Essen
○ Musik
○ Partyspiele
○ Geschenke
○ Dekoration
○ viele Gäste

> *Mir ist Musik wichtig.*

Sie möchten noch mehr üben?

3 | 36–38
AUDIO-
TRAINING

VIDEO-
TRAINING

Lernziele

Ich kann jetzt ...	Ich kenne jetzt ...

A ... über Geschenkideen sprechen: *Schenkst du deiner Mutter eine*
Handcreme? _____   ☹ ☺ ☺

B ... Bitten und Empfehlungen ausdrücken: *Probieren Sie doch mal*
das Tzatziki. Ich kann es Ihnen nur empfehlen. _____   ☹ ☺ ☺

C ... Kurznachrichten über eine Hochzeit verstehen: *In zehn Minuten*
beginnt die Trauung. _____   ☹ ☺ ☺

   ... von einem Fest erzählen: *Das sind meine Schwester und ihr Mann.*
Sie haben letztes Jahr geheiratet. _____   ☹ ☺ ☺

D ... meine Meinung und meine Vorlieben zu Geschenken ausdrücken:
Ich schenke gern etwas Selbstgemachtes, denn das ist persönlich. ___   ☹ ☺ ☺

E ... ein Fest planen: *Unser Fest findet am 20. Juli statt.* _____   ☹ ☺ ☺

... 5 Wörter zum Thema *Schenken*:
der Gutschein, ...
_____
_____

... 5 Wörter zum Thema *Hochzeit*:
die Braut, ...
_____
_____
_____

FILM

Hauptsache, sie sind glücklich.

1 Sehen Sie die Fotos an. „1" ist der Anfang der Geschichte. Was meinen Sie?
Wie geht es weiter? Ordnen Sie.

2 Sehen und hören Sie jetzt die Slide-Show und vergleichen Sie.

Wer ist wer … und was ist los?

Sie sind auf einer Party. Sie kennen niemanden. Sie wissen nichts. *Noch* nicht. Denn Sie sehen genau hin und hören gut zu. Schon bald wissen Sie alles und können jede Frage beantworten.

1 Sehen Sie das Bild an. Was meinen Sie?

Worüber unterhalten sich die Leute? Was sind typische Party-Themen?

3 ◀)) 39–44   **2** Hören Sie die Gespräche und ordnen Sie die Namen im Bild zu.

Frauen: Beate   Anna   Jenny   Rosemarie   Paula   Laura   Renate   ~~Katharina~~
Männer: Chris   Hubert   Thomas   Georg   Edgar   ~~Günther~~   Sebastian

3 ◀)) 39–44   **3** Hören Sie noch einmal und kreuzen Sie an.

a   Wie findet Chris die Party? ○ Langweilig. ○ Nett. ○ Super.
b   Finden Jenny und Katharina das Essen lecker? ○ Ja. ○ Nein.
c   Findet Anna es schön, wie Laura singt? ○ Ja. ○ Nein.
d   Was ist mit Günther los? Günther ○ ist müde. ○ hat Kopfschmerzen.
e   Mag Renate Paulas Frisur? ○ Ja. ○ Nein.
f   Welchen Sport macht Edgar? ○ Fußball. ○ Joggen. ○ Tennis. ○ Golf.
g   Wie heißen die beiden Gastgeber? Sie heißen ○ Anna und Hubert. ○ Katharina und Thomas.
h   Was wird auf der Party gefeiert? ○ Silvester. ○ Geburtstag. ○ nichts Besonderes.

Am Wochenende

Folge 8: Wo er recht hat, hat er recht.

1 Wörter raten: *Scharade*

Lesen Sie die Spielanleitung. Kennen Sie das Spiel? Wie heißt es in Ihrer Sprache?

> Arbeiten Sie in Gruppen. Jede Gruppe/Person denkt sich ein Wort aus zwei
> Teilen (Baumhaus, Blumentopf, ...) aus und spielt das Wort pantomimisch vor.
> Die anderen Mitspieler raten. Für jedes richtige Wort gibt es einen Punkt.
> Gewonnen hat die Gruppe/Person mit den meisten Punkten.

2 Sehen Sie die Fotos 3, 4, 6 und 8 an.

a Was meinen Sie? Welche Wörter „spielen" die Freunde? Kreuzen Sie an.

Tim: ○ eine Salatschüssel	○ eine Teekanne
Betty: ○ einen Hausmann	○ ein Hausdach
Niki: ○ Geschenkpapier	○ eine Modezeitschrift
Eva: ○ einen Holzhammer	○ einen Werkzeugkoffer

4 🔊 1–8 **b** Hören Sie und vergleichen Sie.

Tims Film

3 Hören Sie noch einmal und ergänzen Sie die Namen.

4 �))) 1–8

| Betty | Eva | Niki | Paul | Tim |

Es ist Sonntag. Betty und _Paul_ hören Musik. _____ kann nicht lernen,
denn die Musik ist zu laut. Er ist sauer und geht nach oben zu _____
und _____. Sie trinken zusammen Tee. Dann hat _____ eine
Idee: Sie möchte Scharade spielen. _____ kommt auch. Er braucht einen
Werkzeugkoffer für _____ und spielt dann mit. _____, seine
Mutter, sucht ihn. Am Ende spielt _____ auch mit.
Alle haben viel Spaß!

4 Spielen Sie gern? Welche Spiele mögen Sie? Erzählen Sie.

Ich spiele gern Karten.

Und ich Schach!

A Ich **hätte** gern ein bisschen Ruhe!

A1 Wer sagt was? Wer wünscht sich was? Ordnen Sie zu und verbinden Sie.

A

B

C

◉ Ich muss lernen. Aber die Musik ist so laut.

○ Ich soll den Werkzeugkoffer leihen.

○ Heute ist doch Sonntag!

Wir würden gern etwas zusammen spielen.

Ich wäre lieber bei Betty, Paul und Tim.

Ich hätte gern ein bisschen Ruhe!

Konjunktiv II: Konjugation								
ich	bin	→ wäre	ich	habe	→ hätte	ich	spiele	→ würde
du	bist	→ wär(e)st	du	hast	→ hättest	du	spielst	→ würdest
er/es/sie	ist	→ wäre	er/es/sie	hat	→ hätte	er/es/sie	spielt	→ würde
wir	sind	→ wären	wir	haben	→ hätten	wir	spielen	→ würden
ihr	seid	→ wär(e)t	ihr	habt	→ hättet	ihr	spielt	→ würdet
sie/Sie	sind	→ wären	sie/Sie	haben	→ hätten	sie/Sie	spielen	→ würden

... spielen

A2 Was wünschen sich diese Personen? Sprechen Sie.

Sie/Er hätte gern ...   Sie/Er wäre gern ...   Sie/Er würde gern ...

A

Sie hätte gern mehr Freizeit. Und sie ...

B

C

mehr Freizeit haben –
Pause machen – ein freies
Wochenende haben

Rad fahren –
Yoga machen – joggen

im Wald spazieren gehen –
in der Disco sein – Urlaub haben

A3 Freizeit-Wünsche

a Lesen Sie die Texte auf Seite 97. Wer sagt das? Kreuzen Sie an.

	Anna	Lorenzo	Agnieszka
1 Ich habe nach der Arbeit viel Zeit für meine Freunde.	⊠	○	○
2 Ich muss arbeiten, wenn andere frei haben.	○	○	○
3 Ich mache nach der Arbeit zu Hause nicht viel.	○	○	○
4 Im Moment habe ich weniger Zeit als früher.	○	○	○
5 Meine Arbeitszeiten gefallen mir nicht.	○	○	○
6 Meine Freunde machen viel ohne mich. Ich bin zu müde.	○	○	○

Das wünsche ich mir!

Freizeit ist mir sehr wichtig. Ich arbeite als Sekretärin und bin meist schon um 16.30 Uhr zu Hause. Nach der Arbeit verbringe ich viel Zeit mit meinen Freunden: Wir kochen zusammen und schauen einen Film oder wir gehen einkaufen. Auch an den Wochenenden gehen wir oft zusammen aus. Der Haushalt ist mir
5 nicht so wichtig. Ich möchte lieber Spaß haben. Ich will nicht jeden Tag Wäsche waschen oder sauber machen. Ich würde aber gern mehr Sport machen, z.B. Tischtennis spielen. Das finde ich schön. Ich wäre gern in einem Verein und hätte gern einen Partner oder eine Partnerin zum Spielen. Da würde ich dann jede Woche trainieren.

Anna
Schmidt

10 Seit drei Monaten arbeite ich als Kellner in Deutschland. Weil ich noch neu in diesem Job bin und keine Frau und Kinder habe, muss ich die ersten sechs Monate immer an den Wochenenden arbeiten. Das gefällt mir gar nicht. Meine Freunde unternehmen viele schöne Dinge und ich kann nie mit. Ich hätte gern mal wieder ein Wochenende frei. Dann würde ich meine Freunde einladen und
15 vielleicht in ein Konzert gehen. Das wäre toll.

Lorenzo
Martelli

Ich studiere Medizin und lerne gerade für meine Prüfungen. Jeden Tag sitze ich von früh bis spät zu Hause und lerne. Draußen ist Sommer und die Sonne scheint. Da wäre ich viel lieber im Schwimmbad oder an einem See. Aber ich muss lernen. Und abends, wenn meine Freunde anrufen und fragen: „Möchtest
20 du etwas unternehmen?", bin ich zu erschöpft. Ich würde gern mit ihnen im Park grillen. Aber das geht nicht. Ach, gerade wäre ich gern wieder 18 Jahre alt und würde lieber wieder in die Schule gehen. Das war viel einfacher.

Agnieszka
Nowak

b Lesen Sie die Texte noch einmal. Notieren Sie drei Wünsche von einer Person auf einem Zettel.

> 1 mehr Sport machen, 2 in einem Verein sein, …

c Geben Sie den Zettel Ihrer Partnerin / Ihrem Partner. Sie/Er sagt: Wer von den Personen wünscht sich das?

> Anna würde gern mehr Sport machen.
> Sie wäre gern …

A4 Wünsche raten

a Notieren Sie drei Wünsche auf einem Zettel.

– Wo wären Sie jetzt gern?
– Was hätten Sie gern?
– Was würden Sie gern mal machen/lernen?

Wo?	Was?	Machen/Lernen?
am Meer	viel Geld	Gitarre spielen

> Ich wäre jetzt gern am Meer.
> Ich hätte gern viel Geld.
> Ich würde gern Gitarre spielen.

b Mischen Sie die Zettel und verteilen Sie sie neu. Lesen Sie vor. Die anderen raten: Wer hat diese Wünsche?

B Trotzdem habe ich gewonnen.

B1 Was passt? Wissen Sie es noch? Verbinden Sie.

a Eva hat keine Zeit.   Trotzdem spielt er mit Betty und Paul.
b Betty hat beide Wörter gewusst.   Trotzdem hat Paul gewonnen.
c Tim muss lernen.   Sie soll trotzdem reinkommen.

Konjunktion: *trotzdem*	
Eva hat keine Zeit.	Sie soll *trotzdem* reinkommen.
	Trotzdem soll sie reinkommen.

B2 Spielen Sie Gespräche.

Radtour machen   schwimmen gehen   auf den Flohmarkt gehen   arbeiten   ...

◆ Was machst du denn heute?
○ Ich mache eine Radtour.
◆ Aber du bist doch erkältet!
○ Na und? Ich mache trotzdem eine Radtour.

B3 Was soll Niki tun? Was tut er wirklich? Sprechen Sie.

> *Niki soll nicht so lange schlafen. Trotzdem bleibt er bis 10 Uhr im Bett.*

Lieber Niki,

ich komme erst gegen
22 Uhr zurück.

Bitte nicht vergessen:
– Schlaf nicht so lange.
– Üb am Vormittag mit
  Tim Englisch.
– Iss mittags nichts Süßes.
– Mach am Nachmittag
  ein bisschen Sport.
– Leg Dein Handy auch
  mal weg!

♡ Mama

bis 10 Uhr im Bett bleiben

viel Kuchen essen

ständig mit Freunden chatten

spielen

auf dem Sofa liegen
und fernsehen

⇄ B4 Kettenspiel: Was machen Sie trotzdem?

Lesen Sie das Beispiel und finden Sie mit Ihrer Partnerin / Ihrem Partner passende Sätze mit *trotzdem*.

> *Morgen habe ich eine Prüfung.*
> *Trotzdem lerne ich nicht.*

> *Ich lerne nicht.*
> *Trotzdem kann ich alle Wörter.*

> *Ich kann alle Wörter. Trotzdem*
> *mache ich viele Fehler.*

C Du **könntest** auch mitmachen.

C1 Welche Vorschläge machen Tim und Paul? Wissen Sie es noch? Kreuzen Sie an.

A

Wir könnten ...
○ zusammen lernen.
○ Scharade spielen.

Konjunktiv II: Vorschlag		
ich	könnte	
du	könntest	... spielen
wir/Sie	könnten	

B

Eva, du könntest ...
○ reinkommen und mitmachen.
○ die Spülmaschine reparieren.

4 🔊 9–11 **C2 Pläne**

a Was ist richtig? Hören Sie drei Gespräche und kreuzen Sie an.

1 ○ Bettina möchte nicht ins Kino gehen.
2 ○ Andreas hat Sabine schon lange nicht mehr angerufen.
3 ○ Andreas freut sich, dass seine Eltern kommen.

b Wer sagt was zu wem? Hören Sie noch einmal und verbinden Sie.

	Wir könnten essen gehen.	
1 Andreas	Wir könnten uns ja mal wieder treffen.	Andreas
2 Bettina	Wir könnten doch am Samstag zusammen frühstücken.	Bettina
3 Sabine	Wir könnten ins Kino gehen.	Sabine
4 Andreas'	Ihr könntet aber auch einfach eine Stadtrundfahrt machen.	Andreas'
Mutter	Wir könnten doch mal wieder etwas zusammen unternehmen.	Mutter

🔁 **C3 Ihre Wochenendpläne**

a Ordnen Sie zu.

⚪ Schade, das geht leider nicht. ⚪ Gute Idee. Das machen wir! ⚪ Ich habe leider keine Zeit.
⚪ Einverstanden. ⚪ Ja, das geht bei mir. *1* Ich würde gern ... Hast du Lust? ⚪ In Ordnung.
⚪ Da kann ich leider nicht. Aber ...

1 Vorschläge machen	Wir könnten am Samstag / ... (mal wieder) ... / Wie wäre es mit ...?

2 positiv reagieren ☺	**3 negativ reagieren** ☹
Ja, gern. / Ich komme / mache gern mit.	Tut mir leid, aber ...
Warum nicht?	Ich würde gern kommen / mitmachen, aber ...
Um wie viel Uhr ...? / Wann ...? / Dann bis ...	Ich würde eigentlich lieber ...

b Arbeiten Sie zu zweit. Notieren Sie.
Machen Sie dann Vorschläge und reagieren Sie.

◆ Wir könnten am Samstag ein Fußballspiel ansehen.
○ Ich würde eigentlich lieber einkaufen gehen. Hast du Lust?
◆ Warum nicht? Wann sollen wir uns treffen?
○ ...

am Samstag
ein Fußballspiel ansehen
gemeinsam einkaufen gehen
in eine Bar gehen
...

D Wochenendaktivitäten und Veranstaltungen

D1 Was kann man am Wochenende unternehmen? Sammeln Sie.

Kultur
die Oper
das Museum

Stadt
die Stadt besser kennenlernen
eine Rundfahrt machen

Natur
draußen grillen

(Haus-)Arbeit
die Wohnung putzen
bügeln

am Wochenende

Freunde/Familie
mit Freunden etwas unternehmen
zu ... gehen

zu Hause
nichts tun
lange schlafen

D2 Wählen Sie aus Ihren Ideen in D1 drei Aktivitäten aus.

Wann machen Sie das am Wochenende? Fragen Sie und antworten Sie.

- ◆ Was machst du gern am Freitagabend?
- ◆ Wofür nimmst du dir am Samstag Zeit?
- ◆ Und am Sonntag, was machst du da?

- ○ Am Freitagabend ... ich gern ....
- ○ Am Samstag ... ich am liebsten ...
- ○ Am Sonntag ... ich oft ...

D3 Veranstaltungskalender

Wann finden welche Veranstaltungen statt? Lesen Sie und ordnen Sie zu.
Markieren Sie dann: Wo? und Wann?

~~Rundfahrt~~ Konzerte
Kurse Sport

Donnerstag	Freitag	Samstag	Sonntag
			Rundfahrt

VERANSTALTUNGSKALENDER

Do 24.08.

Skate-Night
So haben Sie Ihre Stadt
noch nie erlebt! Von 21
bis 23 Uhr ist die Ring-
straße rund ums Zentrum
nur für Inlineskater frei.
Treffpunkt: Rathaus.
Teilnahme kostenfrei.

Fr 25.08.

Lange Nacht der Musik
Von 20 bis 3 Uhr
Mehr als 100 Musiker/-innen
treten in der ganzen Stadt
auf: Von Soul über Jazz bis
hin zu Rock und Pop ist
für alle etwas dabei.
Tickets: 20 €; Ermäßigung: 16 €; das Ticket gilt
auch als Fahrkarte für alle Busse und Bahnen.

Sa 26.08.

Tag der offenen Tür
in der Volkshochschule,
10 bis 18 Uhr.
Sie interessieren sich für
Politik, Gesundheit, Foto-
grafie, Literatur oder Spra-
chen? Bei unserem Tag der offenen Tür können Sie
mehr zu diesen Themen erfahren. Keine Anmeldung
erforderlich. Jetzt einschreiben fürs Herbstsemester!

So 27.08.

Comedy-Tour
Sie wollen Hamburg mal ganz
anders kennenlernen? Lustige
Geschichten und Aktionen
machen diese Stadtrundfahrt
zu einem besonderen Erlebnis. Abfahrt ist um
15.30 Uhr am Zentralen Omnibusbahnhof (ZOB);
Preis: 12 Euro pro Person, Anmeldung unter
0160 949 3456

SCHON FERTIG? Und was machen Sie am Wochenende?
Schreiben Sie Ihren Veranstaltungskalender.

E1 Lesen Sie die Anzeigen. An welchen Wochentagen sind die Veranstaltungen? Notieren Sie.

A

NICHT VERPASSEN!

Großer Theresien-Flohmarkt

Wann? Samstag und Sonntag,
15. und 16. Mai
Wo? Burgstraße 45
Neu: großer Bereich für Kinder und
Familien – Spielzeug, Kinder-
und Babykleidung, Bücher,
CDs und vieles mehr

B **Perfekte Pianisten**

Junge Künstler am Klavier können Sie
am Sonntag, 16. Mai, um 20 Uhr in
Salzburg im Benediktinerstift St. Peter
hören. Sie spielen Werke von Beethoven,
Schumann und Chopin.
Die jungen Musiker kommen aus vielen
Ländern und haben in Österreich und
Deutschland studiert.
Tickets für 25 Euro über
https://shop.reservix.de

C **Ausstellung**

Das KULTURAMA Museum des Menschen
in Zürich zeigt u.a. die interaktive Aus-
stellung „Wie wir lernen". Mit vielen
Bildern, Medien und Experimenten.
Die Ausstellung ist jeden Samstag und
Sonntag geöffnet.

D **FILM-FEST BASEL**

Das kleine internationale Festival
im Herzen von Basel feiert seinen
5. Geburtstag. Hier gibt es die etwas
anderen Filme. An die werden Sie
bestimmt noch lange denken!

Wo? Rund um das Stadtkino Basel
am Theaterplatz
Wann? Dienstag 25.05.
bis Samstag 29.05.

Anzeige	A	B	C	D
Tag	Samstag und Sonntag			
Uhrzeit	6.00 bis 19.00 Uhr			

4 �))) 12–15 **E2 Veranstaltungstipps**

a Hören Sie vier Tipps im Radio. Ergänzen Sie die Uhrzeiten in E1.

b Hören Sie die Tipps noch einmal. Was ist richtig? Kreuzen Sie an.

A ○ Der Theresien-Flohmarkt findet zum
ersten Mal statt.
⊠ Man soll früh zum Flohmarkt kommen.
B ○ Das letzte Konzert ist heute Abend.
○ Man kann dem Radiosender schreiben und
Eintrittskarten gewinnen.

C ○ In der Ausstellung kann man
Modelle bauen und testen.
○ Die Ausstellung hat wochentags nicht auf.
D ○ Das Filmfest zeigt besonders gute Filme.
○ Man soll mit dem Auto kommen.

⇆ **E3 Machen Sie ein Plakat zu
einem „Tag der offenen Tür"
in Ihrer Sprachenschule.**

Tag der offenen Tür!
Wann? Am 28.11. von 9 bis 20 Uhr
Eintritt frei!

Programm:
9.00 Uhr: Begrüßung durch den Schulleiter

...

Grammatik und Kommunikation

Grammatik

1 Konjunktiv II: Konjugation ÜG 5.17

ich	wäre		ich	hätte
du	wär(e)st		du	hättest
er/es/sie	wäre		er/es/sie	hätte
wir	wären		wir	hätten
ihr	wär(e)t		ihr	hättet
sie/Sie	wären		sie/Sie	hätten

ich	würde	
du	würdest	
er/es/sie	würde	... spielen
wir	würden	
ihr	würdet	
sie/Sie	würden	

ich	könnte	
du	könntest	
er/es/sie	könnte	... spielen
wir	könnten	
ihr	könntet	
sie/Sie	könnten	

2 Konjunktiv II: Wunsch ÜG 5.17

Ich	wäre	gern	am Meer.	
Sie	hätte	gern	viel Geld.	
Wir	würden	gern	Gitarre	spielen.

3 Konjunktiv II: Vorschlag ÜG 5.17

Du	könntest	ins Kino gehen.
Wir	könnten	

4 Konjunktion: *trotzdem* ÜG 10.05

		Position 2	
Eva hat keine Zeit.	Sie	soll	trotzdem reinkommen.
	Trotzdem	soll	sie reinkommen.

Schreiben Sie drei Wünsche.

> sein: Ich wäre gern ...
> haben:
> machen:

Mehr Spaß im Kurs. Was könnten Sie machen? Schreiben Sie.

> in der Pause Kuchen essen
> längere Pausen machen
> ein Café aufmachen
> deutsche Musik hören   ...

> Wir könnten in der Pause Kuchen essen.
> Wir könnten ...

Was machen Sie trotzdem? Schreiben Sie.
Es sind –20 °C.
Trotzdem _____

_____

Meine Wohnung ist zu klein.
Trotzdem _____

_____

Ich habe kein Geld.
Trotzdem _____

_____

Kommunikation

ÜBER WÜNSCHE SPRECHEN: Ich wäre jetzt gern am Meer.

Wo wären Sie jetzt gern?	*Ich wäre jetzt gern am Meer.*
Was hätten Sie gern?	*Ich hätte gern viel Geld.*
Was würden Sie gern machen/lernen?	*Ich würde gern Gitarre spielen.*

VORSCHLÄGE MACHEN UND ÜBER PLÄNE SPRECHEN: Hast du Lust?

Wir könnten am Samstag /... (mal wieder) ...

Wie wäre es mit ...?

Ich würde gern ... Hast du Lust?

Was machst du gern am Freitagabend?

Wofür nimmst du dir am Samstag Zeit?

Und am Sonntag, was machst du da?

EINEN VORSCHLAG ANNEHMEN: Gute Idee.

Ja, gern. | Warum nicht? | Um wie viel Uhr ...? | Wann ...?

Einverstanden. | Ja, das geht bei mir.

Gute Idee. Das machen wir! | In Ordnung. | Dann bis ...

Ich komme/mache gern mit.

EINEN VORSCHLAG ABLEHNEN UND BEDAUERN AUSDRÜCKEN: Schade, ...

Schade, das geht leider nicht.

Tut mir leid, aber ...

Ich würde gern kommen /mitmachen, aber ...

Da kann ich leider nicht. Aber ...

Ich habe leider keine Zeit.

Ich würde eigentlich lieber ...

Was würden die Personen gern machen?

Der Abend ist so schön. Ich würde gern ...

Antworten Sie.
Kommst du zu Antons Geburtstagsfeier?
Gehst du mit zum Filmfest?

Tut mir leid, aber ...

Sie möchten noch mehr üben?

4 | 16–18 AUDIO-TRAINING

VIDEO-TRAINING

Lernziele

Ich kann jetzt ...

A ... Wünsche ausdrücken: *Sie hätte gern mehr Freizeit.* _____ ☺ ☺ ☹

B ... Gegensätze ausdrücken:
    Ich mache trotzdem eine Radtour. _____ ☺ ☺ ☹

C ... Vorschläge machen: *Wir könnten ein Fußballspiel ansehen.*
    Hast du Lust? _____ ☺ ☺ ☹

D ... über Wochenendaktivitäten sprechen: *Was machst du gern am*
    Freitagabend? _____ ☺ ☺ ☹

E ... Veranstaltungstipps verstehen: *Heute Abend gibt es das letzte*
    Konzert ... _____ ☺ ☺ ☹

Ich kenne jetzt ...

... 5 Freizeitaktivitäten:
    eine Radtour machen, ...

... 5 Wörter zum Thema
Veranstaltungen und Kurse:
    die Teilnahme, ...

FILM

Der Freizeit-Killer

1 Wunsch und Wirklichkeit: Sehen Sie die Fotos an. Was meinen Sie? Was würde der Mann am Wochenende gern machen? Was muss er in Wirklichkeit tun? Ordnen Sie zu.

Er würde gern ...	Aber er muss ...
1 ○ tanzen gehen.	Hemden bügeln.
2 ○ kochen.	den Schrank reparieren.
3 ○ lange ausschlafen.	Morgensport machen.
4 ○ spazieren gehen.	das Auto waschen.
5 Ⓐ frühstücken.	einkaufen.
6 ○ in den Biergarten gehen.	den Keller putzen.

 2 Sehen Sie den Film an und vergleichen Sie.

3 Ihr Wochenende: Was würden Sie gern machen? Was müssen Sie machen? Erzählen Sie.

> *Ich würde samstags gern lange ausschlafen, aber ich muss früh aufstehen und den Haushalt machen.*

SPIEL

Wenn ich mir etwas wünschen könnte, dann ...

Wählen Sie eine von drei Aufgaben:
Spielen Sie pantomimisch vor.
Wer errät Ihren Wunsch am schnellsten?

1 „Dieses Ding hätte ich gern."
2 „Das würde ich gern perfekt können."
3 „Diesen berühmten Menschen würde ich gern mal treffen."

> *Das würde ich gern perfekt können.*

> *Ah! Ich weiß es! Du würdest gern Gitarre spielen.*

Der siebte Tag

Sechs Tage lang hat Gott gearbeitet, dann war die Welt fertig. Am Tag danach hat er Pause gemacht. In Europa ist der Sonntag dieser siebte Tag. Der Sonntag ist ein Ruhetag, an dem die meisten Menschen nicht arbeiten. Vor hundert Jahren sind noch fast alle Menschen am Sonntag in die Kirche gegangen. Heute machen das nur noch wenige. Aber ein paar
5 zusammengesetzte deutsche Wörter zeigen: Der Sonntag ist immer noch ein besonderer Tag.

Sonntag

○ „Sonntagsbraten"

Früher konnten nur reiche Leute oft Fleisch essen. Für die meisten Menschen war es viel zu teuer. Wenn sie mal Fleisch hatten, dann
10 nur am Sonntag: einen Sonntagsbraten.

Ⓔ „Sonntagssachen"

Früher hatten die meisten Menschen sehr einfache Kleidung. Nur für den Kirchgang am Sonntag und für besondere Feste hatte
15 man die Sonntagssachen: die Männer oft einen Sonntagsanzug und die Frauen ein Sonntagskleid.

○ „Sonntagsspaziergang"

Früher hat die ganze Familie einen gemein-
20 samen Sonntagsspaziergang gemacht, meistens am Sonntagnachmittag.

○ „Sonntagsruhe"

Bis heute bleiben am Sonntag die meisten Geschäfte geschlossen und man darf
25 auch keine lauten Arbeiten machen. Wer die Sonntagsruhe stört, kann Ärger mit der Polizei bekommen.

○ Der „Sonntagsfahrer"

So nennt man einen unsicheren, unge-
30 übten Autofahrer. Der kann es nicht, der hat keine Übung, denkt man. Wahrschein-lich fährt er nur sonntags ein bisschen spazieren.

1 Lesen Sie den Text und ordnen Sie die Fotos den Texten zu.

 A

 B

 C

 D

 E

2 Was machen Sie am Sonntag? Erzählen Sie.

a Was essen Sie sonntags? Gibt es bei Ihnen ein spezielles Essen für
   Sonntage oder Feiertage?
b Wann ziehen Sie sich besonders schön an? Was ziehen Sie dann an?
c Wie sieht Ihr „perfekter Sonntag" aus? Machen Sie auch einen Spaziergang?
d Wo gehen Sie hin, wenn Sie sonntags etwas einkaufen möchten?
e Hatten Sie schon mal Stress mit Ihrem Nachbarn wegen der „Sonntagsruhe"?
f Haben Sie sich schon mal über einen „Sonntagsfahrer" oder eine
   „Sonntagsfahrerin" geärgert?

Meine Sachen

Folge 9: Schauen wir mal ...

1 Sehen Sie die Fotos an.

a Wo sind Tim und Sandra?

Foto 1, 7, 8: ....

Foto 2: ....

Foto 3–6: ....

b Was meinen Sie? Wer möchte die Wohnung neu einrichten? Tim oder Sandra?
Wer soll wen beraten? Hören Sie dann und vergleichen Sie.

4 ◀)) 19–26

2 Was kauft Tim im Möbelladen?

a Sehen Sie die Fotos 3–6 an und zeigen Sie.

• das Poster • der Kerzenständer • die Kerze • die Plastiktischdecke
• der Wandteppich • die Saftgläser

b Wie gefallen Ihnen diese Sachen?

> *Das Poster ist ganz schön, finde ich.*

> *Hm. Ich finde es scheußlich.*

4 ◀))) 19–26

3 Erzählen Sie die Geschichte mit Ihren Worten.

Hören Sie dann noch einmal und vergleichen Sie.

Sandra möchte ...

Tim soll ...

Im Möbelgeschäft kauft Tim ...

Er findet die Sachen ... und sehr billig.

Er sagt: „Heute ist ein richtig guter Einkaufstag."

Sandra gefallen die Sachen ...

Nach dem Einkauf gehen Tim und Sandra ... und trinken ...

Da fällt Tim ein: Er muss ... und sich schnell umziehen.

Aber nächste Woche will er mit Sandra ...

> *Sandra möchte Sachen für ihre Wohnung kaufen.*

Tims Film

A Das ist ja eine **tolle** Wohnung!

4 ◀)) 27 **A1 Hören Sie und ergänzen Sie.**

a

◆ Wow! Du, das ist ja eine toll*e* Wohnung! Was brauchst du hier denn noch?

○ Och, ich weiß nicht. Ein toll_____ Kerzenständer wäre schön, ein paar bunt_____
   Kerzen vielleicht, ein interessant_____ Bild, ... so was, verstehst du?

b

◆ Guck mal hier: Das sind ja toll_____ Saftgläser!
   Sechs Stück kosten 8,99 Euro.

○ Jaja.

c

◆ Was ist besser: Eine groß_____ Kerze
   oder zwei kleine? Was meinst du, Sandra?

○ Tja, ich weiß nicht. ...

Adjektivdeklination: indefiniter Artikel	
Nominativ	
• der Kerzenständer	ein toll**er** Kerzenständer
• das Bild	ein interessant**es** Bild
• die Kerze	eine groß**e** Kerze
• die Saftgläser	– toll**e** Saftgläser

auch so nach: mein-, kein-;
aber: ⚠ meine/keine toll**en** Saftgläser

A2 Spielen Sie Gespräche.

◆ Schau mal, hier: Das ist ja eine tolle Tasche!

○ Tja, ich weiß nicht.

• die Tasche • der Bikini
• die Kamera   • das Feuerzeug
• die Brieftasche   • der Bildschirm ...

billig teuer schön hübsch toll
praktisch interessant gut ...

Tja, ich weiß nicht. / Hm, findest du?
Ja, wirklich? / Bist du sicher?
Na ja, geht so. / Also, ich weiß nicht ...

A3 Was ist Ihnen wichtig?

a Ergänzen Sie die Endungen.

	... ist/sind mir wichtig		... ist/sind mir nicht so wichtig	
	Ich	Meine Partnerin / Mein Partner	Ich	Meine Partnerin / Mein Partner
• zuverlässig*e* Freunde	○	○	○	○
• ein gut_____ Deutschlehrer	○	○	○	○
• eine hübsch_____ Wohnung	○	○	○	○
• ein interessant_____ Beruf	○	○	○	○
• eine gut_____ Ausbildung	○	○	○	○
• ein gut_____ Verdienst	○	○	○	○
• lang_____ Reisen	○	○	○	○
• ein teur_____ Handy	○	○	○	○

🔁 b Kreuzen Sie in a an und sprechen Sie mit Ihrer Partnerin / Ihrem Partner.

◆ Mir sind zuverlässige Freunde sehr wichtig. Und dir?

○ Die sind mir auch wichtig. Ein interessanter Beruf ist mir auch wichtig. Dir auch?

◆ Ja, der ist mir auch wichtig. Wie wichtig ist dir ...?

○ ... ist mir überhaupt nicht wichtig.

B Wohin gehst du? In einen **neuen** Laden?

9

B1 Lesen Sie und markieren Sie wie im Beispiel.

Ergänzen Sie dann die Tabelle.

a Wohin gehst du? In <mark>einen neuen</mark> Laden?

b Ich habe schon schöne Gläser.

c Kerzen machen so ein schönes Licht!

d Hier, guck mal: Ist das nicht ein hübsches Poster? – Ja, ganz nett. Aber es passt nicht zu meinen braunen Möbeln.

Adjektivdeklination: indefiniter Artikel

Akkusativ

Ich gehe in …	• einen _neuen_ Laden
Ich habe …	• ein _____ Licht
	• eine schöne Wohnung
	• – _____ Gläser/braune Möbel

auch so nach: mein-, dein-, kein-
aber: ⚠ meine/keine braun**en** Möbel

Dativ

mit/bei/	• einem neu**en** Laden
in/zu/…	• einem schön**en** Licht
	• einer schön**en** Wohnung
	• – _____ Möbel**n**/schön**en** Gläser**n**

B2 Online-Auktionen

Lesen Sie die Anzeigen und ergänzen Sie.

A Ich habe keinen Platz mehr in meiner neu_en_ • Wohnung und verkaufe einen schön_____ • Küchentisch aus Holz. Der Tisch hat eine ca. 3,5 cm dick_____ • Platte und eine groß_____ • Schublade.

B Biete ein Telefon mit viel_____ • Funktionen: Anrufbeantworter und Telefonbuch für bis zu 50 Nummern. Das Gerät hat eine automatisch_____ • Rufannahme und verschieden_____ • Klingeltöne.

C Verkaufe eine hübsch_____ • Tischlampe aus Glas. Höhe: 30 cm. Die Lampe ist fünf Jahre alt, aber in einem gut_____ • Zustand.

D Versteigern unsere vier Jahre alt_____ • Espressomaschine. Top-Qualität! Sie funktioniert einwandfrei, hat aber ein paar klein_____ • Kratzer auf der Rückseite.

E Kochen leicht gemacht. Verkaufe einen elektrisch_____ • Gemüse-schneider. Ein schön_____ • Salatbesteck aus Plastik gibt es kostenlos dazu.

aus Holz 🪵 /Glas 🍾 /Plastik 🍾 /Metall 🔩 /Stoff 🧵 /…

🔁 B3 Eine Auktion

Was möchten Sie verkaufen? Schreiben Sie eine Anzeige wie in B2. Lesen Sie Ihr Angebot dann im Kurs vor. Wer möchte das kaufen? Wer bietet am meisten?

◆ Ich brauche ein Fahrrad. Ich biete 8 Euro.

○ Das Fahrrad ist schön. Ich biete 10 Euro.

▲ Das Fahrrad gefällt mir auch sehr gut, ich biete 12 Euro.

▣ Gut, dann bekommt Zarina das Fahrrad für 12 Euro.

Verkaufe mein zwei Jahre altes Fahrrad. Es ist/hat …

C **Am schönsten** finde ich den Teppich.

C1 *schön – schöner – am schönsten*

a Lesen Sie die Nachrichten: Was findet Tim schön, was findet er noch schöner? Was findet er am schönsten? Sprechen Sie.

> *Tim findet den Kerzenständer schön.*

> Hi Lara, schau mal, ich habe heute eingekauft. Der Kerzenständer ist doch schön, oder?

> SCHÖN!? Na ja, er ist ziemlich hoch.

> Noch **schöner** finde ich aber die Tischdecke!

> Na ja. Die ist aber sehr groß!

> Und **am schönsten** finde ich den Teppich!

> Ja, den finde ich auch am interessantesten. 😎👍
> Sag mal, hast du allein eingekauft?

> Allein? Nein, ich war mit Sandra einkaufen. Leider konnten wir nicht lange in dem Laden bleiben, weil ich arbeiten musste. 😕

> Oh nein, schade! Wie dumm! 😎👍

> Und was noch dümmer ist: Ein Gast kommt. Ich kann nicht weiterschreiben. 😕

b Markieren Sie in a wie im Beispiel. Ergänzen Sie dann die Tabelle.

Komparation		
+	++ -er	+++ am ...-sten
schön	*schöner*	*am schönsten*
interessant	interessant**er**	
⚠ _____	größ**er**	am größten
⚠ _____ /lang	läng**er**	am längsten
⚠ _____		am dümmsten
⚠ _____	höh**er**	am höchsten

C2 Spielen Sie Gespräche.

- Koffer / ● Rucksack – praktisch
- Handy / ● Tablet – toll ● Mütze / ● Hut – modern
- Konzertticket / ● Theaterticket – interessant
- Liebesroman / ● Krimi – spannend

◆ Was soll ich Peter denn zum Geburtstag schenken?
   Was meinst du? Einen Koffer vielleicht?

○ Also, ich finde einen Rucksack praktischer als einen Koffer.

> ... praktisch**er** als ...

C3 Dorina hat viele Interessen.

a Was mag sie? Was macht sie gern/lieber ...? Sprechen Sie.

Ausgehen:	Theater ++	Kino ++	Fußballstadion +++
Musik:	Jazz +	Rock ++	Hip-Hop +++
Sport:	Tischtennis +	Tennis ++	Fußball ++
Essen:	Pizza +	Salat ++	Pudding +++
Städte:	London +	Prag ++	Istanbul +++

Komparation mit *als* und *wie*	
... schön**er als** ...	≠
... **(genau)so** gern **wie** ...	=

Dorina geht genauso gern ins Kino wie ins Theater.

Sie mag Rockmusik lieber als Jazz. Am liebsten mag sie Hip-Hop.

b Dorina hat Geburtstag. Was schenken Sie ihr? Sie haben 40 Euro. Arbeiten Sie zu dritt.
Wählen Sie mindestens drei verschiedene Dinge aus dem Schaufenster und sprechen Sie.

◆ Also, ich schlage vor, wir kaufen eine Karte fürs Kino.

○ Aber sie geht doch lieber ins Stadion. Und ein Fußballticket ist nur zwei Euro teurer als eine Kinokarte.

▲ Ja, und einen Musikgutschein finde ich auch gut. Sie mag am liebsten Hip-Hop.

◆ Ja, genau. Und sie mag ...

> **SCHON FERTIG?** Was mögen Sie gern/lieber/am liebsten? Schreiben Sie.

C4 Im Kurs: Machen Sie ein „Plakat der Superlative".

Finden Sie weitere Fragen.

Wer ist ... (groß/jung)?   Wer ist ... (lange) verheiratet?   Wer wohnt ... (weit) entfernt?

Wer kocht ... (häufig) selbst?   Wer fährt ... (lange) zum Deutschkurs?   ...

◆ Wer fährt am längsten zum Kurs? Amir, brauchst du nicht eine Stunde?

○ Ja, aber ich glaube, Milena fährt noch länger.

▲ Ja, das stimmt, ich fahre eine Stunde und 20 Minuten.

Wer fährt am längsten zum Kurs? Milena: 1:20 Stunden

D Interviews im Radio

D1 Was meinen Sie: Wofür geben die Leute in Deutschland am meisten Geld aus?

Ergänzen Sie die Statistik. Vergleichen Sie im Kurs und mit den Ergebnissen auf Seite 115.

Körper und Gesundheit | Miete | Versicherungen | Kleidung | Nahrungsmittel

> Ich glaube, auf Platz 3 ist/sind …

So viel Geld geben die Deutschen aus (monatliche Konsumausgaben privater Haushalte in Prozent):

1		34,5 %
2	Auto	12,6 %
3		12,2 %
4	Unterhaltung (Urlaub, Kultur, Freizeit, …)	10,6 %
5		5,9 %
6	Möbel und Haushaltsgeräte	5,5 %
7		4,6 %
8		4,2 %
9	Kommunikation (Internet, Telefon, …)	2,5 %
10	Tabak und alkoholische Getränke	1,7 %

4 ◀)) 28–31 D2 Wofür geben die Personen ihr Geld aus?

Hören Sie die Interviews und kreuzen Sie an.

a
Sie gibt ihr Geld am liebsten … aus.
○ für Kleidung
○ im Internet
○ für Lebensmittel

b
Er gibt am meisten für … aus.
○ seine Kinder
○ den Urlaub
○ Miete, Auto, Versicherung, Gas

c
Sie müssen einen Kredit für …
aufnehmen.
○ ein neues Auto
○ einen langen Urlaub
○ eine eigene Wohnung

d
Was ist ihr am wichtigsten?
○ Urlaub
○ ihre Enkel
○ ihr Auto

⇄ D3 Wofür geben Sie Ihr Geld aus?

Sprechen Sie mit Ihrer Partnerin / Ihrem Partner.

Lebensmittel | Urlaub | Kleidung | Elektrogeräte | Miete/Wohnung | Auto | …

> Am meisten gebe ich für meine Miete aus. Und du?

> Ja, ich auch. Aber am liebsten gebe ich Geld für … aus.

> SCHON FERTIG? Wofür geben Sie nicht gern Geld aus?

> Am meisten / Sehr viel gebe ich für … aus. | Ich kaufe am liebsten … | Ich gebe (nicht) viel Geld für … aus. | Das ist mir wichtig. / nicht wichtig. / Da spare ich (nicht).

E1 Drei von meinen Sachen

a Lesen Sie nur die Einleitung und die Überschriften im Text in b. Was meinen Sie? Von wem hat Valentina die Sachen bekommen? Lesen Sie dann den ganzen Text und vergleichen Sie.

b Lesen Sie den Text noch einmal. Schreiben Sie zu zweit sechs Sätze. Zwei Sätze sind falsch. Tauschen Sie die Sätze mit einem anderen Paar und korrigieren Sie die falschen Sätze.

1 Die Tänzerin ist aus ~~Holz~~.
...   *Porzellan*

Drei von meinen Sachen

Haben Sie zu Hause auch so viele Sachen? Manche erinnern uns an etwas, sie erzählen eine Geschichte. Es können ganz unterschiedliche Erinnerungen sein: lustige, traurige oder schöne.

Valentina May ist 28 Jahre alt, in Triest geboren und lebt jetzt in Hamburg. Sie zeigt drei von ihren Sachen und erzählt uns auch die Geschichten dazu.

Die finde ich am hässlichsten ...
5 Diese Tänzerin aus Porzellan hat mir meine Tante zum 18. Geburtstag geschenkt. „Das ist ein altes und sehr
10 teures Kunstwerk", hat sie gesagt. Mein erster Gedanke war: Oje, ist die hässlich! Ich wollte aber meiner Tante nicht wehtun, also habe ich die Tänzerin ins Regal gestellt. Da steht
15 sie immer noch, denn meine Tante sieht bei jedem Besuch nach: Steht ihr „wertvolles" Geschenk noch da?

... die ist am schönsten ...
Den kleinen Harlekin hat
20 mein Neffe Ernesto für mich gemacht. Das war vor fünf Jahren. Damals ist es mir ziemlich schlecht gegangen. Ich war arbeitslos und
25 hatte Probleme mit meiner Gesundheit. Eines

Tages hat mir Ernesto diesen Harlekin geschenkt. „Der ist für dich", hat er gesagt. „Er ist ganz lieb zu dir und deshalb musst du jetzt mal wieder froh sein und lachen." Ist das
30 nicht süß?

... und die finde ich am lustigsten.
Den grünen Drachen hat mir Alexander
35 geschenkt. Das war bei unserem zweiten Treffen. Wir sitzen in einem Restaurant und plötzlich stellt er diesen Drachen neben meinen Teller und sagt: „Drachen bringen
40 Glück." Später, zu Hause, sehe ich mir den Drachen noch einmal an und da sehe ich ein Papier in seinem Mund. Darauf steht: „Hallo Valentina! Ich glaube, Alexander liebt Dich." Ich habe den Zettel wieder reingesteckt. Er ist
45 heute noch drin.

arbeit**los** = ohne Arbeit

E2 Welche von Ihren Sachen finden Sie besonders hässlich, schön oder lustig?
Bringen Sie die Sachen mit oder zeigen Sie ein Foto. Erzählen Sie im Kurs.

– Wie oder von wem haben Sie die Sache bekommen?
– Warum finden Sie sie hässlich, schön oder lustig?

Diesen/Dieses/Diese ... habe ich von ... bekommen. / habe ich in ... gekauft.
... hat mir ... geschenkt.
... ist mir besonders wichtig, weil ...
... gefällt mir so gut / gar nicht, denn ...
Er/Es/Sie ..., deshalb mag ich ihn/es/sie so gern.

Grammatik und Kommunikation

Grammatik

1 Adjektivdeklination: indefiniter Artikel `ÜG` 4.01

Nominativ		Akkusativ		Dativ	
• ein	neu**er** Laden	• einen	neu**en** Laden	• einem	neu**en** Laden
• ein	schön**es** Licht	• ein	schön**es** Licht	• einem	schön**en** Licht
• eine schön**e** Wohnung		• eine	schön**e** Wohnung	• einer	schön**en** Wohnung
• –	braun**e** Möbel	• –	braun**e** Möbel	• –	braun**en** Möbeln

auch so nach: mein-, dein- ...; kein-
aber: ⚠ meine/keine braun**en** Möbel

der → ein groß **er** Topf

das → ein groß **es** Bild

di**e** → eine groß **e** Kerze

Welche Sachen sind in Ihrer Tasche / Ihrem Rucksack?

ein alter Stift, eine große Geldbörse, ...

2 Komparation `ÜG` 4.04

Positiv +	Komparativ ++	Superlativ +++
schön	schön**er**	am schön**sten**
interessant	interessant**er**	am interessant**esten** → ⚠ -d/-t + esten
⚠		
groß	größ**er**	am größ**ten**
lange/lang	läng**er**	am läng**sten**
dumm	dümm**er**	am dümm**sten**
hoch	höh**er**	am höch**sten**

größer – am größten

3 Vergleichspartikel: *als, wie* `ÜG` 4.04

schön**er**/praktisch**er**/... als ...	≠
Dorina mag Rockmusik lieber als Jazz.	

(genau)so gern/schön/... wie ...	=
Sie geht genauso gern ins Kino wie ins Theater.	

4 Wortbildung `ÜG` 11.02

Nomen	→	Adjektiv
die Arbeit		arbeits**los** (= ohne Arbeit)

Ergänzen Sie.

ohne Herz: *herzlos*

ohne Fehler:

ohne Schlaf:

ohne Kinder:

ohne Wolken:

Kommunikation

SKEPTISCH REAGIEREN: Tja, ich weiß nicht.

Tja, ich weiß nicht. | Hm, findest du? | Ja, wirklich?
Bist du sicher? | Na ja, geht so. | Also, ich weiß nicht …

VORLIEBEN AUSDRÜCKEN: Am meisten gebe ich für … aus.

Ich finde … praktischer/schöner/besser als … | Am praktischsten/
schönsten/besten finde ich … | Sie/Er geht genauso gern ins Kino
wie ins Theater.

Am meisten / Sehr viel gebe ich für … aus. | Ich kaufe am liebsten …
Ich gebe (nicht) viel Geld für … aus. | Da spare ich (nicht).

WICHTIGKEIT AUSDRÜCKEN: Mir ist … wichtig.

Mir ist/sind … wichtig. Und dir?

Wie wichtig ist dir …?

Das ist / Die sind mir auch wichtig, aber nicht sehr wichtig.
… ist/sind mir überhaupt nicht wichtig.

VON EINEM GEGENSTAND ERZÄHLEN: Diesen … hat mir … geschenkt.

Diesen/Dieses/Diese … habe ich von … bekommen. / habe ich in … gekauft.
… hat mir … geschenkt. / … ist mir besonders wichtig, weil …

… gefällt mir so gut / gar nicht, denn … | Er/Es/Sie …, deshalb mag ich
ihn/es/sie so gern.

> Heute ist ein richtig guter Einkaufstag. Findest du nicht?

> Na ja, geht so.

Schreiben Sie drei Sätze.
… : Das finde ich wichtig.
… : Das ist mir noch wichtiger.
… : Das ist mir am wichtigsten.

Nicht zu viel arbeiten:
Das finde ich wichtig.

Sie möchten noch mehr üben?

4 | 32–34 AUDIO-TRAINING   VIDEO-TRAINING

Lernziele

Ich kann jetzt …

A … Wichtigkeit ausdrücken: *Ein interessanter Beruf ist mir wichtig.* ____ ☺ ☺ ☹
  … etwas beschreiben: *Das ist ja eine tolle Tasche!* _____ ☺ ☺ ☹
B … Anzeigen verstehen und eine Anzeige schreiben:
  Verkaufe mein zwei Jahre altes Fahrrad. _____ ☺ ☺ ☹
C … Sachen/Personen miteinander vergleichen:
  Dorina mag Rockmusik lieber als Jazz. _____ ☺ ☺ ☹
D … von meinem Konsumverhalten erzählen:
  Am meisten gebe ich für meine Miete aus. _____ ☺ ☺ ☹
E … Gegenstände beschreiben: *Den kleinen Harlekin*
  hat mein Neffe Ernesto für mich gemacht. _____ ☺ ☺ ☹

Ich kenne jetzt …

… 10 Gegenstände:
die Brieftasche, …
_____

… 4 Materialien:
Holz, …
_____

Auflösung zu S. 112/D1: 1 Miete, 3 Nahrungsmittel, 5 Versicherungen, 7 Kleidung, 8 Körper und Gesundheit

Flohmarkt

Gebrauchte Dinge kann man verschenken oder
wegwerfen. Man kann die alten Sachen aber auch
verkaufen. Ganz einfach geht das im Internet.
Immer mehr Menschen bestellen online. Das geht
5 schnell und ist bequem. Aber es ist auch ein bisschen schade, denn im Internet bleibt man allein.

Ein großer Flohmarkt ist viel lustiger und bunter.
Dort trifft man viele Leute, man spricht und man
handelt miteinander. Das macht Spaß und man
10 kann die verschiedenen Angebote auch viel genauer
prüfen als im Internet. Außerdem bekommt man
die Sachen auf dem Flohmarkt meist noch günsti-
ger. Auch für die Umwelt ist es besser, wenn man
die gebrauchten Dinge nicht einfach auf den Müll
15 wirft. Normalerweise funktionieren sie ja noch
prima. Flohmärkte sind in vielen Ländern sehr
beliebt. Auch in Deutschland gibt es sie in den
meisten Orten. In den großen Städten kann man

an Sommerwochenenden oft sogar zwischen
20 mehreren Flohmärkten wählen.

So ist das Wort „Flohmarkt" entstanden: Früher hat es auf
solchen Märkten vor allem alte Kleider gegeben. Und da
hat man manchmal wohl auch ein paar Flöhe
mitgekauft.

Lesen Sie den Text. Was ist richtig? Kreuzen Sie an.

a ○ Immer mehr Menschen kaufen im Internet ein.
b ○ Auf dem Flohmarkt kann man mit den Verkäufern handeln.
c ○ Die Sachen kosten auf einem Flohmarkt oft mehr als im Internet.
d ○ Flohmärkte gibt es in Deutschland nur in großen Städten.

Ein kleiner Kurs-Flohmarkt

Ein blauer Pulli. Er ist sauber und völlig in Ordnung, aber Sie
ziehen ihn nicht mehr an. Ein altes Spiel. Sie haben es schon
oft gespielt. Jetzt liegt es in der Schublade.
Solche und viele andere Dinge liegen zu Hause herum. Wir
5 brauchen sie nicht, wollen sie aber auch nicht einfach wegwerfen.
Dann verkaufen wir die Sachen doch auf einem Flohmarkt! Mit
diesem Projekt können wir das ein bisschen üben. Jeder bringt
ein bis drei gebrauchte Sachen mit. Und jetzt machen wir aus
dem Kursraum einen Flohmarkt.

1 Arbeiten Sie in Gruppen. Jede Gruppe macht einen eigenen Flohmarkttisch.

2 Teilen Sie Ihre Gruppe: Eine Hälfte bleibt als Verkäufer am Tisch. Die andere Hälfte besucht als Käufer die anderen Tische und fragt nach den Preisen.

> Die Hose ist ja schön! Wie viel kostet die?

> Die kostet 10 Euro.

GEDICHT

Keine Asche in der Tasche?

Du hast so viele Wünsche, deine Einkaufslust ist groß,
aber leider, leider, leider ist ja ohne Moos nichts los.
Du hättest so gern das, du hättest so gern dies,
doch nichts davon bekommst du – ohne Kies.

Wenn das nette kleine Auto so prima zu dir passt,
dann kannst du's gerne haben, ... wenn du Kohle hast.
Du kriegst auch einen wunderschönen Schrank.
Doch dazu brauchst du Mäuse auf der Bank.

Parfüm und eine Kamera und ein Bratentopf:
So viele tolle Sachen hast du schon im Kopf.
Ohne Knete kriegst du nicht mal eine Mütze
und schon gar nicht einen Urlaub in der Südsee.

Dunkelbraune Schuhe, eine Hose und ein Tuch,
ein schicker heller Mantel, ein interessantes Buch.
Du hättest so gern dies, du hättest so gern das,
doch ohne Schotter macht der Einkauf keinen Spaß.

Asche

_____

Kies

_____

_____

_____

_____

4 🔊 35 1 In der deutschen Umgangssprache gibt es sehr viele Wörter für *Geld*.
Hören und lesen Sie das Gedicht und markieren Sie die Wörter.

2 Sehen Sie die Fotos an und ergänzen Sie.

3 Welche Wörter für *Geld* gibt es in Ihrer Sprache? Erzählen Sie.

Kommunikation

Folge 10: Immer auf den letzten Drücker

1 Sehen Sie die Fotos an.

a Was sehen Sie? Markieren Sie.

● die Post ● das Paket ● der Briefumschlag ● die Briefmarke ● das Geschenk
● der Bierdeckel ● die Postkarte ● das T-Shirt ● die Schere

b Was meinen Sie? Sprechen Sie.

– Was verschickt Tim?
– An wen?
– Warum?

> Er schickt das Paket an Lara.

> Das glaube ich nicht. ...

c Hören Sie und vergleichen Sie.

4 ◀)) 36–43

Tims Film

4 ◀)) 36–43

2 Hören Sie noch einmal. Welches Foto passt? Ordnen Sie zu.

Foto

a ◯ Wir müssen es als „Maxibrief International" versenden.

b ◯ Warum bin ich so unordentlich?

c ◯ Die Geschenke sind genau an Bens Geburtstag angekommen.

d ◯ Ich muss noch ein Paket zur Post bringen. Mein Bruder hat Geburtstag.

e ◯ Diese Sendung soll in fünf Tagen in Kanada sein.

f ⑦ Das ist ja ein teurer Brief.

g ◯ Dann müssen Sie das Formular CN 22 ausfüllen.

h ◯ Er sammelt Bierdeckel.

3 „Immer auf den letzten Drücker"

a Was bedeutet das? Kreuzen Sie an.

○ Etwas immer im letzten Moment machen.

○ Immer pünktlich sein.

b Was machen Sie oft „auf den letzten Drücker"? Erzählen Sie.

> Ich gehe immer erst einkaufen, wenn die Geschäfte fast schon geschlossen sind.

A1 Was hat Ben zum Geburtstag bekommen?

Lesen Sie und markieren Sie wie im Beispiel. Ergänzen Sie dann die Tabelle.

Die ==verschiedenen== Bierdeckel habe ich von meinem Bruder bekommen, ich sammle ja Bierdeckel. Der grüne Schal ist von meiner Oma. Sie hat immer Sorge, dass ich friere. Meine Eltern haben mir das tolle Handy hier geschenkt. Das ==alte== Handy ist mir leider runtergefallen und kaputtgegangen. Und mit der großen Uhr vergesse ich nun hoffentlich nie wieder die Zeit. Meine Freundin hat sie mir gekauft, weil ich immer zu spät komme.

Adjektivdeklination: definiter Artikel

Nominativ	Akkusativ	Dativ	
• der _____	• den grün**en**	• dem grün**en**	Schal
• das _alte_	• das _____	• dem toll**en**	Handy
• die groß**e**	• die groß**e**	• der _____	Uhr
• die verschieden**en**	• die _verschiedenen_	• den verschieden**en**	Bierdeckel(**n**)

4 ◀)) 44–47 ## A2 Interviews: Was sammeln Sie?

a Hören Sie die Interviews und ordnen Sie zu. Achtung: Nicht alle Fotos passen.

○ Eisenbahnen	○ Blätter	○ Teddybären	① Münzen
○ Enten	○ Urlaubssouvenirs	○ Dosen	○ Briefmarken

b Hören Sie noch einmal. Was ist richtig? Kreuzen Sie an.

1
○ Die Frau hat schon 1-Euro-Münzen aus allen Ländern.
○ Die Münze aus Griechenland findet sie am schönsten.

2
○ Der Mann kauft die Eisenbahnen nur online.
○ Die grüne Bahn ist aus der Schweiz.

3
○ Der Mann bringt aus jedem Urlaub ein Souvenir mit.
○ Die rote Muschel hat er von seiner Frau bekommen.

4
○ Die Frau kauft und verkauft Dosen.
○ In der blauen Dose ist Zucker.

c Sehen Sie die Fotos in a an. Was sammeln Sie? Erzählen Sie.

> *Ich sammle auch ausländische Münzen.*

> *Ich sammle Tiere aus Glas: exotische Vögel.*

> *Ich sammle nichts. Sammeln finde ich uninteressant.*

Wortbildung	
Adjektiv (positiv +)	→ Adjektiv (negativ −)
interessant	↔ uninteressant

A3 Wettspiel

Schreiben Sie mit Ihrer Partnerin / Ihrem Partner je zehn Wörter auf Kärtchen wie im Beispiel.
Jeder zieht ein blaues und ein grünes Kärtchen. Schreiben Sie Sätze.
Welches Paar findet in fünf Minuten die meisten Sätze?

> *Ich ziehe den alten Pullover an. Ich bin mit dem alten Fahrrad ins Kino gefahren. Ich habe den spannenden Krimi gelesen.*

A4 Welche Dose gefällt Ihnen?

Wie finden Sie ...? Sprechen Sie mit Ihrer Partnerin / Ihrem Partner.

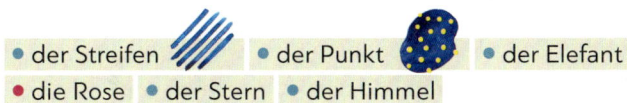

● der Streifen ● der Punkt ● der Elefant
● die Rose ● der Stern ● der Himmel

> *Mir gefällt die orange Dose mit den weißen Elefanten.*

> *Die finde ich auch sehr schön. Aber mir gefällt die grüne Dose besser. Wie findest du ...?*

B Hier **wird** das **reingeschrieben**.

4 ◀)) 48 **B1 Hören Sie und ordnen Sie zu.**

| wird ... reingeschrieben | wird ... gesprochen |

Dann müssen Sie das Formular CN 22 ausfüllen. Sehen Sie: Hier _____ das _____. In Kanada _____ doch Englisch und Französisch _____, oder?

Passiv: Präsens

| wird | |
| werden | reingeschrieben |

Das **wird** reingeschrieben.
= **Man** schreibt das rein.

B2 Bens Geschenk ist unterwegs nach Kanada. Ordnen Sie zu und ergänzen Sie.

A B C D

- ⊘ Das Geschenk _____ zur Post gebracht.
- ○ In einem Sortierzentrum *werden* die Briefe und Pakete gestempelt und sortiert.
- ○ Mit dem Flugzeug _____ die Post nach Kanada transportiert.
- ○ Dort _____ das Geschenk zu Ben gebracht.

B3 Der Weg einer Banane nach Deutschland

a Was meinen Sie? Wie lange ist eine Banane unterwegs vom Baum bis in den deutschen Supermarkt?

b Ergänzen Sie. Lesen Sie dann den Text und vergleichen Sie.

Eine „typische Banane" kommt aus Ecuador, Costa Rica oder Kolumbien. Dort wird sie _____ (ernten) **1**, wenn sie noch grün und hart ist. Anschließend _____ sie _____ (waschen), *gewogen* (wiegen) **2** und in einen Karton _____ (verpacken) **3**. Die Bananenkartons _____ auf ein Kühlschiff _____ (laden) **4**. Bis jetzt sind die Bananen seit der Ernte maximal 24 Stunden unterwegs. Auf den Schiffen _____ die Bananen über das Meer nach Deutschland _____ (transportieren). Das dauert ca. zwei Wochen. Nach der Ankunft _____ sie in eine „Bananenreiferei" _____ (bringen). Dort _____ sie fünf bis acht Tage _____ (lagern) **5**. Dann sind sie „reif", also gelb und weicher. Anschließend _____ sie in die Läden _____ (bringen) und _____ (verkaufen).

 1

 2

 3

 4

 5

🔁 **B4 Im Kurs: Sätze bauen. Machen Sie Fantasiesätze mit *wird/werden* ... ge...t/en.**
Person A sagt ein Wort. Person B „baut" den Satz weiter.

 A *Heute*   B *werden*   C *die Hausaufgaben*   D *gemacht.*

C1 Sprachnachrichten für Julian Heine

a Sehen Sie das Bild an. Was meinen Sie? Sprechen Sie. Ergänzen Sie dann die Tabelle.

Was für einen Beruf hat Julian?
Was für ein Hobby hat er?
Was für Pläne hat er?
Was für Freunde hat er?
Was für eine Freundin hätte er gern?
Wie finden Sie Julian?

Frageartikel: *Was für ein ...?*		
Was für	• _____	Beruf ...?
	• *ein*	Hobby ...?
	• _____	Freundin ...?
	• _____	Pläne ...?

4 ◀)) 49–52

b Hören Sie Julians Nachrichten auf der Mailbox und ergänzen Sie die Notizen. Waren Ihre Vermutungen zu Julian aus C1 richtig?

1   Konsulat:
Visum beantragen:
_____
Ausweis mitnehmen

2   Praxis Dr. Camerer anrufen!
Untersuchung: 4.5. um
_____
Grippeimpfung: 2.5. um 8 Uhr

Wortbildung		
Verb	→	Nomen
untersuchen	→	• Untersuch**ung**
impfen	→	• Impf**ung**

3   → Andreas: Handball, übermorgen,
18 Uhr am _____

4   Evi   ♡♡♡
zurückrufen unter _____

4 ◀)) 53   **C2 Julian ruft Evi an. Ordnen Sie zu. Hören Sie dann und vergleichen Sie.**

1 dass das ganz bestimmt nicht wieder vorkommt!   2 ~~Ich konnte nicht, weil ich so lange arbeiten musste.~~
3 Es tut mir schrecklich leid, dass ich gestern nicht gekommen bin.   4 Ich wollte dich ja anrufen, aber
mein Handy war kaputt.   5 eigentlich ist mir das ganz egal!   6 hör mir nur noch kurz zu!   7 Wirklich?

◆ Hallo Evi, hier ist Julian. Vielen
Dank für deine Nachricht!
○ Ach, hallo!
◆ ○
○ Ach so?
◆ ②
○ Nicht zu glauben!

◆ ○
○ Ach ja? Wolltest du? ○
◆ Entschuldige! Ich hoffe, du bist
nicht sauer.
○ Ach, weißt du, ○
◆ Was?
○ Du, ich muss jetzt Schluss machen!

◆ Ach, Evi, bitte ○
○ Julian, ich habe gestern zwei
Stunden auf dich gewartet,
verstehst du, zwei Stunden!
◆ Evi! Ich verspreche dir, ○
○ Tschüs! Ich bin doch nicht
blöd!

⇆   **C3 Sie sind nicht zu einer Verabredung gekommen. Machen Sie Notizen.**
Spielen Sie dann Telefongespräche wie in C2.

mit Freundin verabredet (Kino) → Schnupfen → zu Hause bleiben → Freundin sauer

D Kontakt und Kommunikation

D1 Wir bleiben in Kontakt.

a Was meinen Sie? Lesen Sie und kreuzen Sie an. Vergleichen Sie dann mit Ihrer Partnerin / Ihrem Partner.

Wir bleiben in Kontakt, ja?

Aber sicher! Das ist heutzutage so einfach wie nie zuvor. Per Handy oder Internet kann man heute ständig Kontakt mit seinen Freunden und Familienangehörigen halten. Was denken Sie? Werden überhaupt noch Briefe verschickt? Wie viele Menschen sind täglich in sozialen Netzwerken unterwegs? Testen Sie Ihr Wissen mit unserem kleinen Quiz.

#	Frage	A		B	
1	Wie viele Briefe werden täglich in Deutschland verschickt?	A ○	ca. 70 Millionen	B ○	ca. 8 Millionen
2	Seit wann gibt es das Telefon? Und das Handy?	A ○	1877 und 1983	B ○	1767 und 1956
3	In welchem Alter erhalten Kinder im Durchschnitt ihr erstes Handy?	A ○	mit 8 Jahren	B ○	mit 12 Jahren
4	Wie viele Nachrichten werden per Mobiltelefon pro Tag im Durchschnitt verschickt?	A ○	30	B ○	10
5	Seit wann gibt es das World Wide Web (www)?	A ○	seit 1984	B ○	seit 1993
6	Wie viele E-Mails werden weltweit jährlich verschickt?	A ○	ca. 20 Milliarden	B ○	ca. 200 Milliarden
7	Wie viele E-Mails erhält man im Durchschnitt pro Tag am Arbeitsplatz?	A ○	70–80	B ○	30–40
8	Wie viele Kontakte haben Nutzer von sozialen Netzwerken im Durchschnitt?	A ○	133	B ○	299
9	Wie viele Nutzer von sozialen Netzwerken sind täglich dort aktiv?	A ○	69 %	B ○	82 %

b Lesen Sie die Auflösung auf Seite 127. Sprechen Sie im Kurs: Was hat Sie überrascht?

Ich habe gedacht/geglaubt, dass ... | ... überrascht mich (nicht).
... finde ich komisch/interessant. | Das ist erstaunlich.

D2 Kursstatistik: Wie und wie oft kommunizieren Sie täglich per Telefon / Internet / ... mit anderen?

Sprechen Sie und machen Sie ein Kursplakat / eine Kursstatistik.

◆ Iga, wie viele Nachrichten verschickst du mit deinem Handy pro Tag?

○ Zwischen zehn und zwanzig. Und du, Sami?

▲ Mehr als 30 bestimmt. Und bist du in einem sozialen Netzwerk?

Nachrichten	Iga 10-20, Sami 30+, ...
Besuche in sozialen Netzwerken	ja
E-Mails	
Telefon/Skype	
...	

4 ◀⟩ 54   E1   Mitarbeiter im Callcenter

a Hören Sie den Anfang einer Radiosendung. Was macht ein Mitarbeiter im Callcenter? Kreuzen Sie an.

1 ○ nimmt Anrufe von Kunden an

2 ○ informiert über aktuelle Ereignisse

3 ○ kümmert sich um Probleme bei Bestellungen

4 ○ hilft bei persönlichen Problemen

5 ○ hilft bei technischen Störungen

6 ○ nimmt Notrufe an und leitet sie weiter

7 ○ informiert Firmen über Kundenprobleme

4 ◀⟩ 55   b Hören Sie nun die ganze Sendung. Was ist richtig? Kreuzen Sie an.

1 Im Callcenter gibt es ein großes Büro für jeden Mitarbeiter.   ○

2 Mitarbeiter im Callcenter können die Probleme der Kunden nicht immer lösen.   ○

3 Der Online-Versandhandel schickt manchmal die falschen Produkte.   ○

4 Im Callcenter sind die Mitarbeiter oft unfreundlich.   ○

5 Nach drei Minuten müssen sie das Gespräch beenden.   ○

6 Am Wochenende ist der Verdienst höher.   ○

7 Bekannte darf man persönlich begrüßen.   ○

c Sprechen Sie.

Wie finden Sie die Arbeit im Callcenter?
Würden Sie gern in einem Callcenter arbeiten? Warum (nicht)?

> *Also, für mich wäre das nichts. Ich könnte nicht immer höflich sein.*

> *Ich finde es interessant, weil man mit vielen Menschen spricht. Aber es ist auch anstrengend.*

E2   Berufe aus dem Bereich „Kommunikation"

a Welche Berufe aus dem Bereich Kommunikation kennen Sie?
Sammeln Sie.

> Journalist, Reporter, PR-Manager, ...

b Was ist für diese Berufe wichtig? Sprechen Sie.

> *Ein Reporter muss immer neugierig sein, aber er erfährt auch viele spannende Geschichten.*

> Ein/Eine ... /Man muss neugierig/interessiert/... sein.
> Ich glaube, ein/eine ... muss gut schreiben/organisieren/beobachten ... können..
> Ein/Eine ... sollte spontan/kreativ/ ... sein.
> Es ist wichtig, dass ein/eine ... schnell/gründlich/selbstständig/... arbeitet.

Grammatik und Kommunikation

Grammatik

1 Adjektivdeklination: definiter Artikel `ÜG` 4.02

Nominativ	Akkusativ	Dativ
• der grüne Schal	• den grünen Schal	• dem grünen Schal
• das tolle Handy	• das tolle Handy	• dem tollen Handy
• die große Uhr	• die große Uhr	• der großen Uhr
• die verschiedenen Bierdeckel	• die verschiedenen Bierdeckel	• den verschiedenen Bierdeckeln

2 Passiv: Präsens `ÜG` 5.13

	werden	Partizip
er/es/sie	wird	reingeschrieben
sie	werden	

Das wird reingeschrieben. = Man schreibt das rein.

Was sagt der Mann? Schreiben Sie.

Fernseher liefern

Rechnung schicken

Kamera reparieren

...

Wann wird endlich der Fernseher ...

3 Frageartikel: *Was für ein ...?* `ÜG` 10.03

	Nominativ	Akkusativ	
Was für	• ein	• einen	Beruf ...?
	• ein	• ein	Hobby ...?
	• eine	• eine	Freundin ...?
	• –	• –	Pläne ...?

4 Wortbildung `ÜG` 11.01, 11.02

Adjektiv (positiv +)	→ Adjektiv (negativ -)
interessant	↔ uninteressant

Verb	→ Nomen
untersuchen	→ • die Untersuchung
impfen	→ • die Impfung

Kommunikation

ERSTAUNEN AUSDRÜCKEN: Das überrascht mich.

Ich habe gedacht/geglaubt, dass ...

... überrascht mich (nicht).

... finde ich komisch/interessant.

Das ist erstaunlich.

SICH AM TELEFON ENTSCHULDIGEN: Es tut mir sehr leid, dass …

Hallo …, vielen Dank für Ihre/deine Nachricht …

Es tut mir sehr/schrecklich leid, dass …

Entschuldigung! | Entschuldige! | Entschuldigen Sie!

Ich konnte/kann nicht …, weil … | Ich wollte …, aber …

Ich hoffe, du bist nicht sauer.

Das kommt ganz bestimmt nicht wieder vor!

Ich verspreche dir, …

ZWEIFEL AUSDRÜCKEN: Wirklich?

Wirklich?

Nicht zu glauben!

Ach ja?

Ach so?

EINEN BERUF BESCHREIBEN: Ein Reporter muss neugierig sein.

Ein/Eine … /Man muss neugierig/interessiert/… sein.

Ich glaube, ein/eine… muss gut schreiben/organisieren/beobachten …
können.

Ein/Eine … sollte spontan/kreativ/ … sein.

Es ist wichtig, dass ein/eine … schnell/gründlich/selbstständig/… arbeitet.

Schreiben Sie vier
Entschuldigungen.

*Tut mir leid, Schatz. Ich
habe die U-Bahn verpasst.*

Sie möchten noch mehr üben?

4 | 56–58 🔊
AUDIO-
TRAINING

🖥
VIDEO-
TRAINING

Lernziele

Ich kann jetzt …

A … Gegenstände beschreiben:
Der grüne Schal ist von meiner Oma. _____ ☺ 😐 ☹

B … unpersönliche Sachverhalte verstehen:
Hier wird das reingeschrieben. _____ ☺ 😐 ☹

C … Mailbox-Nachrichten verstehen und Telefongespräche führen:
Ich wollte dich ja anrufen, aber … _____ ☺ 😐 ☹

D … über Kommunikationsverhalten sprechen:
Bist du in einem sozialen Netzwerk? _____ ☺ 😐 ☹

E … Informationen über einen Beruf verstehen:
Ein Mitarbeiter im Callcenter kümmert sich um Probleme bei
Bestellungen. _____ ☺ 😐 ☹

Ich kenne jetzt …

… 10 Wörter zum Thema *Post*:
das Paket, …
_____
_____

… 5 Wörter zum Thema
Kommunikation:
das Handy, …
_____
_____

Auflösung zu S. 124/D1: 1 A / 2 A / 3 A / 4 A / 5 A / 6 B / 7 B / 8 B / 9 A

LIED

Weg mit dem „un-"!

1. Ich fühle mich so unverstanden,
   unglücklich und unzufrieden …
   Oh, das tut mir leid!
   … und dabei so unselbstständig,
   unsicher und unentschieden …
   Na, da wird es Zeit …

   Sie fragen sich nun: Was kann man da tun?
   Sehen Sie: So wird das gemacht!
   Weg mit dem „un", einfach weg mit dem „un"!
   Das geht viel leichter als gedacht.

2. Das Zimmer hier ist unbequem
   und unfreundlich und ungemütlich …
   Oh, das tut mir leid!
   … unsauber, unaufgeräumt,
   wirklich sehr unappetitlich! …
   Da wird es aber Zeit …

   Weg mit dem „un", weg mit dem „un"!
   Es geht viel leichter als gedacht.
   Weg mit dem „un", einfach weg mit dem „un"!
   Sehen Sie: So wird das gemacht!

3. Mein Schwiegersohn ist unvorsichtig,
   unhöflich und unerzogen …
   Oh, das tut mir leid!
   … unordentlich und unpünktlich,
   aus jeder Arbeit rausgeflogen! …
   Na, da wird es Zeit …

   Weg mit dem „un", weg mit dem „un"!
   Es geht viel leichter als gedacht.
   Weg mit dem „un", einfach weg mit dem „un"!
   Sehen Sie: So wird das gemacht!

4. Dieses Lied ist unnötig
   und unpassend und unmodern …
   Oh, das tut mir leid!
   … und überhaupt uninteressant!
   Ich sing' es wirklich ungern! …
   Nun wird es aber Zeit …

1 Lesen Sie den Liedtext und markieren Sie alle Wörter mit „un-".
Kennen Sie noch mehr Beispiele? Sammeln Sie im Kurs.

4 ◀)) 59 **2** Hören Sie das Lied und singen Sie mit.

Der kleine Mann: Die Notlüge

1 Lesen Sie den Comic. Wie finden Sie das Verhalten von der Frau? Wie finden Sie die Reaktion vom kleinen Mann? Warum?

Ich finde das lustig. Die Frau lügt und der kleine Mann …

2 Sagen Sie immer die Wahrheit? Erzählen Sie.

Manchmal sage ich nicht die Wahrheit. Wenn mir die neue Frisur von einer Freundin nicht gefällt, dann …

Macht uns das Handy blöd?

4 ◀)) 60–63

1 Wer sagt was? Hören Sie und kreuzen Sie an.

a Ich halte mit dem Handy Kontakt mit meiner Freundin. ○ ○ ○ ○

b Handys sammeln viele Informationen über uns. ○ ○ ○ ○

c Fast jeder ist mit dem Handy beschäftigt und interessiert sich nicht für die anderen. ○ ○ ○ ○

d Jeder entscheidet selbst, was er mit seinem Handy macht. ○ ○ ○ ○

2 Was denken Sie über Handys? Erzählen Sie.

Ich brauche mein Handy. So halte ich auch Kontakt zu meinen Freunden.

Unterwegs

Folge 11: Fragen kostet nichts.

1 Waren Sie schon einmal in einem Zoo?

Gehen Sie gern in den Zoo? Erzählen Sie.

> *Ich gehe gern in den Zoo. Tiger und Zebras sind meine Lieblingstiere.*

2 Sehen Sie die Fotos an.

a Was meinen Sie? Sprechen Sie.

– Welche Fragen haben die Frau und der Junge an Tim?

– Kann Tim ihnen Auskunft geben?

– Wie zufrieden sind die Frau und der Junge mit Tims Antworten?

> *Die Frau fragt vielleicht: Was kann ich in der Stadt anschauen?*

5 ◀)) 1–8 **b** Hören Sie und vergleichen Sie.

Tims Film

5 🔊 1–8 **3 Was ist richtig? Hören Sie noch einmal und kreuzen Sie an.**

a Frau Heigert möchte spazieren gehen und etwas essen.
Tim schlägt vor, dass sie ○ durch den Stadtpark ○ um den See gehen soll.
Er empfiehlt ihr das ○ Café Wurm. ○ Restaurant am Park.
Frau Heigert findet Tims Vorschlag ○ sehr gut. ○ schlecht.

b Tommy möchte in den Zoo gehen. Tim erklärt ihm, dass man dorthin
○ mit der S-Bahn fahren muss. ○ zu Fuß gehen kann.
Tommy findet, dass Tim ○ langweilig ○ lustig ist.

c Tommy hat ○ den Weg nicht gefunden. Aber er hat ein Zebra gemalt.
⠀⠀⠀⠀⠀⠀⠀⠀⠀○ der Ausflug gut gefallen. Zum Dank bringt er Tim ein Bild mit.

d Frau Heigert hatte ○ keinen ○ einen schönen Spaziergang.
Sie war mit dem Essen ○ unzufrieden. ○ zufrieden.

4 „Fragen kostet nichts."
Bitten Sie gern um Hilfe? Oder finden Sie
lieber alles selbst heraus? Erzählen Sie.

> *Ich frage nicht mehr so viel wie*
> *früher. Heute findet man doch alle*
> *Informationen mit dem Handy.*

A Ihr kommt **aus dem Hotel**.

A1 Woher kommt Tommy? Ordnen Sie zu.

A

B

C

○ Vom Fußballplatz.
○ Aus dem Hotel.
○ Vom Friseur.

Lokale Präpositionen + Dativ		
• aus dem Hotel	• vom Fußballplatz	• vom Friseur

5 ◀)) 9 A2 *Von oder aus?* Hören Sie und ergänzen Sie.

a Jemand fährt *von der Tankstelle* weg.
b Leute steigen _____.
c Ein Mann kommt _____.
d Eine Frau kommt _____.
e Jemand kommt _____.
f Jemand nimmt die Post _____.

A3 *Woher, wo, wohin?*

Sehen Sie das Bild an und schreiben Sie Sätze mit Ihrer Partnerin / Ihrem Partner. Wie viele Sätze finden Sie in fünf Minuten? Vergleichen Sie dann mit einem anderen Paar.

> Ein Hund springt ins Auto.
>
> Ein Mann tankt an der Tankstelle.
>
> ...

Woher?	Wo? ↓	Wohin? →
• aus dem Auto	im Auto	ins Auto
• von der Tankstelle	an der Tankstelle	zur / an die Tankstelle
• vom Friseur	beim Friseur	zum Friseur

⇄ A4 Meine Wege – Wo waren Sie gestern überall?

Machen Sie Notizen und sprechen Sie mit Ihrer Partnerin / Ihrem Partner.

> Gestern bin ich um halb sieben aus dem Haus gegangen.
> Ich bin zur Bushaltestelle gelaufen und in den Bus gestiegen.
> Nach vier Haltestellen bin ich aus dem Bus gestiegen ...

5 ◀)) 10–11 B1 Wie sollen Frau Heigert und Tommy gehen/fahren?

Hören Sie und ordnen Sie zu.

> an … vorbei   um … herum   bis zum   bis zum   ~~durch~~   entlang   gegenüber   über

a   Gehen Sie _____ die Straße, dann sind Sie direkt am Stadtpark.
   Gehen Sie dann _durch_ den Stadtpark. Da kommen Sie _____ dem
   kleinen See _____. Am anderen Ende sehen Sie gleich links
   das Restaurant.

b   Geht rechts die Straße _____
   Opernplatz. Ihr geht _____ die Oper _____ und nach
   ein paar Metern seid ihr schon an der S-Bahn-Station. Dann nehmt ihr
   die S8 und fahrt _____ Westend. Der Eingang zum
   Zoo ist genau _____ der S-Bahn-Station.

Lokale Präpositionen	
Akkusativ	**Dativ**
● durch den Park	● an dem See vorbei
● über die Straße	● bis zum Westend
● die Straße entlang	● gegenüber der S-Bahn-Station /
● um die Oper (herum)	der S-Bahn-Station gegenüber

5 ◀)) 12 B2 Wie komme ich zu Dir?

Lesen Sie Milans Nachricht.
Sehen Sie dann die Bilder an und ergänzen Sie:
Wie soll Milan fahren? Schreiben Sie eine Antwort.
Hören Sie dann und vergleichen Sie.

> Hallo Alex! Mein Navi hat mich in die falsche Richtung geschickt. 😤 Jetzt habe ich mich total verfahren. Wie komme ich zu Dir? Ich stehe vor der Karlsbrücke. Milan

A _____ ● die Brücke →
nach rechts fahren

B ● dann den Fluss _entlang_

immer geradeaus _____

C _____
● Kreuzung → dort nach links
abbiegen

D _____ ● das Zentrum

E _____ ● Mozartplatz
   ⟩
_____ ● Kreisverkehr

F _____ ● den Kreisverkehr
_____ und die dritte
Ausfahrt nehmen

Hallo Milan, Du fährst über die Brücke und nach rechts. Dann …

⇄ B3 Wie kommt Ihre Partnerin / Ihr Partner vom Kursort zu Ihnen nach Hause? Sprechen Sie.

◆   Ich wohne nicht weit von der Sprachenschule. Du nimmst den Bus Nummer 610
   und fährst bis zum Bahnhof. Du gehst dann …

C Deshalb möchte ich ja in den Zoo.

C1 Was ist richtig? Wissen Sie es noch? Verbinden Sie.

a Tommy mag Tiger.
b Tim findet Zebras super.
c Tiere darf man aus dem Zoo nicht mitnehmen.

Deshalb soll Tommy ihm eins mitbringen.
Tommy hat deshalb ein Bild von einem Zebra gemalt.
Deshalb möchte er in den Zoo gehen.

> **Konjunktion:** *deshalb*
>
> Tommy mag Tiger. Deshalb möchte er in den Zoo gehen.
> Er möchte deshalb in den Zoo gehen.

C2 Ich stehe im Stau.

a Wer hat welches Foto an Anita geschickt? Lesen Sie die Nachrichten und notieren Sie die Namen.

Lea _____   _____   _____   _____

> Stefan: Ich stehe im Stau. Deshalb schaffe ich es nicht zur Teambesprechung. Sagst Du dem Chef Bescheid?   8.29 Uhr

> Anita: Ja, mache ich. Gute Fahrt! ☺   8.31 Uhr

> Fanni: Ich bin auf dem Bürgersteig gestürzt, weil so ein blöder Radfahrer nicht aufgepasst hat. Mein Knie hat geblutet. Ich musste noch zur Apotheke und ein Pflaster kaufen. ☹   8.45 Uhr

> Anita: Mach Dir keinen Stress.   8.49 Uhr

> Lea: Ich habe mir ein neues Fahrrad gekauft. Mein altes war wirklich nicht mehr brauchbar.   17.10 Uhr

> Anita: Ein super Rad! Ich gratuliere.   17.18 Uhr

> Marek: Hallo Liebling, ich komme heute später. Das Auto ist plötzlich stehen geblieben. Zuerst habe ich gedacht: kein Benzin mehr. Aber der Mann vom Pannendienst sagt, dass die Autobatterie leer ist.   18.44 Uhr

> Anita: Alles klar. Bis später.   18.45 Uhr

> Ich bin gestürzt, weil ein Radfahrer nicht aufgepasst hat.
> Ein Radfahrer hat nicht aufgepasst. Deshalb bin ich gestürzt.

> **Wortbildung** Verb → Adjektiv
>
> Mein Rad ist nicht mehr brauchbar. =
> Man kann das Rad nicht mehr brauchen.

b Lesen Sie noch einmal und verbinden Sie. Ergänzen Sie *weil* oder *deshalb*.

1 Stefan kommt nicht rechtzeitig,   _____ will sie ein Pflaster auf das Knie kleben.
2 Ein Fahrradfahrer hat nicht aufgepasst, _____ die Autobatterie leer ist.
3 Fanni hat sich verletzt,   _____ ist Fanni hingefallen.
4 Leas Fahrrad war nicht mehr in Ordnung, _weil_ er im Stau steht.
5 Marek kommt später,   _____ hat sie sich ein neues gekauft.

C3 Im Straßenverkehr

Was ist hier los? Sehen Sie die Fotos an. Schreiben Sie mit Ihrer Partnerin / Ihrem Partner Sätze mit *deshalb*.
Vergleichen Sie dann mit einem anderen Paar.

A

B

C

D

a ● die Autobahn   ● die Baustelle   ● die Autofahrer
                                         auf der linken Spur fahren müssen / nicht überholen können

b ● das Wetter schlecht   ● die Busse   Verspätung haben

c ● Tiere auf der Fahrbahn   es ● Stau geben

d ● der Falschfahrer   ● die Autofahrer vorsichtig sein müssen

> Auf der Autobahn ist eine Baustelle. Deshalb müssen die Autofahrer
> auf der linken Spur fahren und können nicht überholen.

5 ◀) 13–17 C4 Verkehrsnachrichten

Was ist richtig? Hören Sie und kreuzen Sie an.

a ○ Auf der Autobahn A81 gibt es Stau, weil ein Unfall passiert ist.
b ○ Auf der Straße sind Tiere. Deshalb soll man vorsichtig fahren.
c ○ Wegen Bauarbeiten gibt es Stau auf der A3.
d ○ Man soll den Falschfahrer überholen.
e ○ In Frankfurt haben alle Busse Verspätung, weil es schneit.

> Warum?
> Wegen …

⇆ C5 Welche Information ist falsch?

a Wählen Sie drei Themen und schreiben Sie Sätze mit *weil* oder *deshalb*. Eine Information ist falsch.

Tiere   eine Panne / ein Unfall

Auto   Fahrrad   Verkehr(sprobleme)

> – Ich liebe Tiere. Deshalb habe ich drei Katzen.
> – Ich habe kein Fahrrad, weil ich nicht Fahrrad
>   fahren kann …

> **SCHON FERTIG?** Schreiben Sie
> Sätze mit *weil* und *deshalb* zu
> anderen Themen.

b Lesen Sie Ihre Sätze vor.
Die anderen raten: Welche Information ist falsch?

> *Du hast bestimmt
> nicht drei Katzen.*

> *Stimmt. Ich habe
> nur eine Katze.*

D Bei jedem Wetter unterwegs

D1 Ordnen Sie zu.

○ • das Eis   ○ • der Schnee   ○ • der Nebel   ○ • der Sonnenschein   Ⓕ • der Sturm   ○ • das Gewitter

A   B   C   D   E   F

D2 Wie ist das Wetter?

a Lesen Sie die Texte und ordnen Sie zu.

gewittrig   ~~stürmisch~~   regnerisch   eisig   sonnig   windig   wolkig   neblig

1   _stürmisch_   _und_ _____

Chemnitz – Sturm und Eis haben gestern für Chaos auf Deutschlands Straßen gesorgt. Besonders schlimm war die Situation in Sachsen. In der Nacht war die Autobahn A72 zwischen Wildenfels und Hartenstein komplett gesperrt. Die Autofahrer mussten stundenlang in ihren Wagen warten.

2   _____ , _____ , _____ und _____

Wetterbericht für die Region Oststeiermark: Nach der Hitze in den letzten Tagen kommen von Westen immer mehr Wolken. Schon heute Abend gibt es zum Teil kräftigen Wind. In der Nacht dann Gewitter mit Starkregen. Vermeiden Sie Autofahrten. Es besteht Gefahr wegen umstürzender Bäume.

3   _____

Unsere Stadt bekommt eine neue Straßenbahn. Am Wochenende sind die Bürger zu einem Fest unter freiem Himmel eingeladen und können die Straßenbahn das ganze Wochenende kostenlos benutzen. Auch die Wetteraussichten für das Event sind gut: Die Meteorologen versprechen Sonnenschein und sommerliche Temperaturen.

4   _____

····· **Dichter Nebel verhindert Starts und Landungen am Flughafen Zürich!** ···········
Bitte beachten Sie: Zurzeit können keine Maschinen starten oder landen. Deshalb kommt es voraussichtlich bis 12 Uhr zu Verspätungen bei Abflügen und Landungen. Wir bitten um Verständnis.

Wortbildung	Nomen → Adjektiv		
der Sturm	→ stürm**isch**	das Eis	→ eis**ig**
der Regen	→ regner**isch**	der Nebel	→ nebl**ig**

[SCHON FERTIG? Kennen Sie noch mehr Wörter mit *-isch* oder *-ig*?

b Was ist richtig? Lesen Sie noch einmal und kreuzen Sie an.

1   ○ Das Wetter war in Sachsen nicht so schlecht wie in anderen Teilen Deutschlands.
2   ○ Man soll nicht mit dem Auto fahren, weil es zu gefährlich ist.
3   ○ Die Bürger müssen am Samstag und Sonntag nichts für Straßenbahnfahrten bezahlen.
4   ○ Ab dem Nachmittag können die Flugzeuge wahrscheinlich wieder pünktlich fliegen.

E1 Straßenverkehr in deutschsprachigen Ländern

a Wer sagt was? Lesen Sie den Text und verbinden Sie.

Hoang Tuan, Vietnam

In meiner Heimat ist das Moped ein sehr wichtiges Verkehrsmittel. Man kann ganze Familien damit trans-
⁵portieren – oder Möbel! Alle wechseln ständig die Spur, immer hupt jemand.
In der Schweiz gibt es viel weniger Verkehr. Und: Die ¹⁰meisten halten sich an Regeln. Bei uns bremst kein Autofahrer für einen Fuß-gänger. Ich lebe jetzt in St. Gallen und gehe viel zu Fuß. Das macht mir Spaß und ich fühle mich sicher dabei.

Mir ist aufgefallen, dass in Deutschland viele einen ¹⁵Strafzettel für zu schnelles Fahren riskieren. Vielleicht, weil die Strafen so niedrig sind. In Finnland ist das anders. Die Strafen sind viel höher. Das Autofahren in Deutschland finde ich sehr ²⁰anstrengend. Am schlimmsten ist die Autobahn. Wenn ein Wagen mich mit 200 km/h überholt, habe ich Angst. Das finde ich furchtbar, deshalb ²⁵fahre ich lieber mit den öffent-lichen Verkehrsmitteln.

Anu, Finnland

Hoang Tuan

Anu

„Ich finde, dass Autofahrer in Deutschland oft zu schnell fahren."
„Ich gehe jetzt gern zu Fuß."
„In meiner Heimat gibt es viel mehr Verkehr als in der Schweiz."
„Ich benutze am liebsten Busse und Bahnen."

b Welches Verkehrsmittel benutzen Sie gern/oft? Gehen Sie gern zu Fuß? Waren Sie schon einmal in Deutschland, Österreich oder der Schweiz? Was ist Ihnen am Verkehr aufgefallen? Sprechen Sie mit Ihrer Partnerin / Ihrem Partner.

> *Ich fahre gern mit der U-Bahn. Alle fünf Minuten kommt eine Bahn. Das ist super. Letzten Sommer war ich in München. Am besten hat mir gefallen, dass es in der U-Bahn so ruhig war. Die Leute haben nicht so viel geredet.*

> *Ich fahre/gehe/mag/... gern/lieber ...*
> *Mir ist aufgefallen, dass ... Das finde ich interessant./ furchtbar.*
> *Am besten gefällt/gefallen mir .../hat mir ... gefallen.*
> *Am schlimmsten finde ich ...*

E2 Der Verkehr in meinem Heimatland

a Machen Sie Notizen zu den Fragen.

1 Welche Verkehrsmittel werden oft benutzt? Welche selten?
2 Gibt es Unterschiede zwischen Stadt und Land?
3 Wie gut halten sich die Verkehrsteilnehmer an Regeln? Wie hoch sind die Strafen, z.B. für falsches Parken?
4 Wie schnell darf man hier fahren: in der Stadt, auf dem Land, auf der Autobahn?

> Der Verkehr in meinem Heimatland
> ① vor allem Busse immer sehr voll, ...
> ② Linksverkehr; in den Städten: viel Verkehr, auf dem Land ...
> ③ Verkehrsregeln: ja, aber sie werden oft nicht beachtet; Busfahrer fahren sehr schnell ...
> ④ Tempolimits: ...

b Schreiben Sie eine E-Mail an eine Freundin / einen Freund in Deutschland, Österreich oder in der Schweiz. Suchen Sie auch passende Fotos.

> *Bei uns / In meiner Heimat ist das anders (als in ...). / nicht so (wie in ...). / genauso (wie in ...).*
> *Es gibt (viel) mehr/weniger ...*

> Liebe Lisa, danke für Deine E-Mail. Du hast mich nach dem Verkehr in Delhi gefragt. Guck mal, ich sende Dir hier ein typisches Foto von ...

Grammatik und Kommunikation

Grammatik

1 Lokale Präpositionen auf die Frage *Woher?* UG 6.03

aus + Dativ		von + Dativ	
• aus dem	Bus	• vom	Friseur/Fußballplatz
• aus dem	Hotel	• vom	Meer
• aus der	S-Bahn	• von der	Tankstelle

Woher kommt Luise?
Schreiben Sie.

Patrick

> Luise kommt ...
> ... von Patrick.

2 Lokale Präpositionen UG 6.03

Akkusativ	Dativ
• durch den Park	• an dem See vorbei
• über die Straße	• bis zum Westend
• die Straße entlang	• gegenüber der S-Bahn-Station /
• um die Oper (herum)	der S-Bahn-Station gegenüber

TiPP

Zeichnen Sie kleine Bilder zu den Wörtern *durch, über …*

3 Konjunktion: *deshalb* UG 10.05

Grund	Resultat/Konsequenz		
	Position 2		
Tommy mag Tiger.	Deshalb	möchte	er in den Zoo gehen.
	Er	möchte	deshalb in den Zoo gehen.

Was machen Sie?
Schreiben Sie Sätze mit *deshalb*.

1 Heute regnet es.

> Deshalb ...

2 Morgen ist Feiertag.

3 Am Wochenende hat eine Freundin / ein Freund Geburtstag.

4 Wortbildung UG 11.02

Verb	→	Adjektiv
brauchen	→	brauchbar

Nomen	→	Adjektiv
der Sturm	→	stürmisch
das Eis	→	eisig

trinken **bar**

Wie ist das Wetter heute in Ihrem Heimatland? Ergänzen Sie.

Es ist _____

Kommunikation

EINEN WEG BESCHREIBEN: Nach der Kreuzung müssen Sie links abbiegen.

Gehen Sie über die Straße / durch den Stadtpark.

Sie kommen an … vorbei.

Am anderen Ende sehen Sie …

Geht die Straße entlang (bis zum/zur …).

Nach ein paar Metern seid ihr schon …

Ihr nehmt die S8 / … und fahrt bis zum/zur …

Der Eingang / … ist (genau) gegenüber …

Du fährst über die Brücke und dann …

Sie fahren um den Kreisverkehr herum und nehmen die dritte Ausfahrt.

Sie fahren immer geradeaus bis zur / zu einer Kreuzung.

Nach der Kreuzung müssen Sie / musst du nach links/rechts abbiegen.

ETWAS BEWERTEN: Mir ist aufgefallen, dass …

Ich fahre/gehe/mag/… gern/lieber …

Mir ist aufgefallen, dass … Das finde ich interessant./furchtbar.

Am besten gefällt/gefallen mir … / hat mir … gefallen.

Am schlimmsten finde ich …

Bei uns / In meiner Heimat ist das anders (als in …). / nicht so (wie in …). / genauso (wie in …).

Es gibt (viel) mehr/weniger …

Sehen Sie das Bild an und beschreiben Sie den Weg.

Du gehst …

Sie möchten noch mehr üben?

5 | 18–20 AUDIO-TRAINING

VIDEO-TRAINING

Lernziele

Ich kann jetzt …

A … Ortsangaben machen:
Ich bin aus dem Bus gestiegen. _____ ☺ ☺ ☹

B … einen Weg beschreiben:
Geht rechts die Straße entlang bis zum Opernplatz. _____ ☺ ☺ ☹

C … eine Konsequenz nennen:
Ich stehe im Stau. Deshalb schaffe ich es nicht. _____ ☺ ☺ ☹
… Verkehrsnachrichten verstehen: Auf der A81 gibt es Stau. _____ ☺ ☺ ☹

D … Informationen zum Wetter verstehen: *Sturm und Eis haben gestern für Chaos auf Deutschlands Straßen gesorgt.* _____ ☺ ☺ ☹

E … über den Verkehr in meinem Heimatland berichten:
In meiner Heimat gibt es viel mehr Verkehr als in Deutschland. _____ ☺ ☺ ☹

Ich kenne jetzt …

… 5 Wörter zum Thema *Wetter*:
stürmisch, …

… 5 Wörter zum Thema *Straßenverkehr*:
der Stau, …

Sonst noch was?

1 Was meinen Sie? Welche Sätze passen zu welchem Foto? Ordnen Sie zu.
Sehen Sie dann den Film und vergleichen Sie.

a ◯ „Mal gehe ich am Fluss entlang."
b ① „Immer nur Paul! Mir reicht's jetzt! Ich muss raus!"
c ◯ „Mal gehe ich über die Brücke."

d ◯ „Ich gehe die Straßen entlang."
e ◯ „Mal gehe ich durch den Park."
f ◯ „Er kann auch sehr lieb sein, mein Paul."

2 Sind Sie auch manchmal wütend? Erzählen Sie.

Ich bin auch manchmal wütend. Zum Beispiel, wenn jemand immer zu spät kommt oder ...

5 ◀)) 21

Ich fahre mit ...

Hören Sie und ergänzen Sie das Rätsel und die Lösung.

	1	2	3	4	5	6	7	8	9	10	11	12	13	14	15	
... mit	d	e	r		S	t	r	a	ß	e	n	b	a	h	n	A
... mit																B
... mit																C
... mit																D
... mit						—										E
... mit																F
... mit																G

Lösung: ☐ ☐ ☐ ☐ ☐ ☐ ☐ ☐ ☐ ☐ ☐ ß

G8 G6 D7   C7 D2 G7 D2   C5 F6   D5 B6 A9

SIE SIND DAS PROBLEM NR. 1: DIE ANDEREN!

Straßenverkehr könnte so schön sein. Aber meistens sind wir nicht allein unterwegs. Leider sind da auch noch diese vielen schrecklichen anderen Verkehrsteilnehmer. Sie wollen uns immer nur ärgern. Sagen Sie doch mal: Wer nervt Sie am meisten?

Ganz klar: die Radfahrer. Für die gibt es ja überhaupt keine
5   Regeln. Eine Einbahnstraße? So was kennen die gar nicht.
Die fahren einfach, wie sie wollen. Und die Fußgänger sind
auch nicht besser. Die sind ja schon wütend, wenn man nur
mal fünf Minuten auf dem Bürgersteig parkt. Wo soll ich denn
sonst parken? Es gibt doch fast keine Parkplätze mehr.

10   Mich nerven vor allem die Fußgänger. Die passen nicht auf.
Immer laufen sie einem vors Rad. Deshalb muss ich auch
dauernd bremsen. Ja, und dann die vielen Autofahrer! Die
parken ein und dann machen sie ganz schnell die Autotür
auf. Sehen sie dabei nach hinten? Nein, natürlich nicht. Für
15   Radfahrer ist so was supergefährlich. Aber das ist denen
ja egal!

Na, da sind erst mal diese rücksichtslosen Autofahrer. Die
machen mich richtig krank. Die parken einfach auf unseren
Bürgersteigen. Aber die Radler nerven schon auch. Die fahren
20   einfach durch die Fußgängerzone. Und das auch noch richtig
schnell. Stellen Sie sich das mal vor! Da sind doch auch alte
Leute und Kinder. Also, ich kann das nicht verstehen.

1 Lesen Sie nur die Überschrift und sehen Sie die Fotos an. Was meinen Sie? Worum geht es im Text?

2 Lesen Sie nun den ganzen Text. Markieren Sie: Wer nervt warum? Ergänzen Sie dann die Tabelle.

Wer nervt?	Radfahrer	Fußgänger	Autofahrer
Warum?	kennen keine Regeln fahren, wie sie wollen ...		

Reisen

Folge 12: *Die Qual der Wahl!*

1 Was meinen Sie? Sehen Sie die Fotos an.
Was machen Lara und Tim? Sprechen Sie.

> *Die Fotos sehen ja lustig aus. Vielleicht …*

2 Was meinen Sie? Welches Foto passt?

a Sehen Sie die Fotos 3 bis 8 an und ordnen Sie zu.

Foto

A ○ Die haben auch günstige Zimmer.

B ○ Möchtest du mit mir in die Berge fahren?

C ③ Das ist an der Ostsee. Wie man sieht, gibt es da gutes Essen und
schöne Hotels direkt am Meer.

D ○ Hättest du vielleicht Lust auf eine Fahrradtour?

E ○ Meine Urlaubsidee: Keine Wahl, keine Qual! Wir fahren ohne Ziel los.

F ○ Wir könnten nach Österreich fahren und Wien besichtigen.

5 ◀)) 22–29   **b** Hören Sie und vergleichen Sie.

Tims Film

5 🔊 22–29 **3 Was passt? Hören Sie noch einmal und verbinden Sie.**

Vorschläge
a Urlaub an der Ostsee
b Fahrradtour an der Mosel
c Besichtigung von Wien
d Bergsteigen
e am nächsten Tag weiter Ideen sammeln

Was spricht dagegen?
Davon ist Lara nicht besonders begeistert.
Es gibt schon zu viele Vorschläge.
Es gibt keine preiswerten Unterkünfte.
Tim möchte lieber eine große Stadt ansehen.
Lara war schon einmal dort.

4 Träumen Sie: Wo würden Sie gern Urlaub machen?
Was würden Sie gern sehen?

Ich möchte unbedingt New York sehen! Das ist schon lange mein Traum.

Und ich würde gern nach Südafrika fahren. Ich möchte so gern mal wilde Tiere beobachten.

A Wollen wir **an die** Mosel fahren?

A1 Wollen wir …?

5 ◀)) 30 **a** Verbinden Sie. Hören Sie dann und vergleichen Sie.

1 Wollen wir an   die Berge fahren.
2 Wir könnten nach   die Mosel fahren?
3 Wir könnten in   Österreich fahren.

b Markieren Sie in a und ergänzen Sie die Tabellen.

Lokale Präpositionen	
Wohin?	Akkusativ
....	● die Ostsee / ● den Atlantik / ● den Strand / ● den See / ● die Küste / ● die Mosel /…
ans	● Meer
auf	● einen Berg / ● eine Insel
aufs	● Land
....	● den Schwarzwald / ● die Wüste / ● die Berge /…
	● den Süden /Norden /Osten /Westen
ins	● Gebirge

WIEDERHOLUNG

Wohin?	
....	Österreich/ Deutschland/…
nach	Wien/Berlin/…
in	die Schweiz

A2 Wohin fährt Julius zuerst? Und danach?

5 ◀)) 31 **a** Hören Sie und sortieren Sie. Sprechen Sie dann.

> Zuerst fährt Julius in den Dschungel. Dann fährt er …

◯ ● das Meer   ① ● der Dschungel   ◯ ● das Land   ◯ ● die Berge   ◯ ● der Bodensee   ◯ ● die Wüste

b Kettenspiel: Wohin fahren Sie zuerst? Und danach?

◆ Zuerst fahre ich in die Wüste.
○ Zuerst fahre ich in die Wüste. Dann fahre ich aufs Land.
▲ Zuerst fahre ich in die Wüste. Dann fahre ich aufs Land. Und danach …

A3 Was machen Sie in den Sommerferien?

a Wer sagt was? Lesen Sie die Texte und ordnen Sie zu.

◯ > Wir können umsonst bei meiner Schwester wohnen. Deshalb fahren wir aufs Land.

◯ > Wir machen immer Urlaub in den Bergen und am Meer, denn wir besuchen unsere Familien.

◯ > Zuerst besuche ich Freunde und dann fahren wir gemeinsam ans Meer.

1

Vesela

Wir leben in Luxemburg und fahren jedes Jahr in den Süden. Wir besuchen im Sommer unsere Familien in Bulgarien. Meine Heimatstadt liegt am Schwarzen Meer. Wenn wir dort sind, gehen wir oft an den Strand. Die Kinder baden und spielen den ganzen Tag im Sand. Mir ist es am Strand zu heiß. Nach drei Wochen
5 fahren wir weiter zur Familie von meinem Mann Milan in die Berge. Da ist es kühler, das mag ich sehr. Wir haben jedes Jahr den perfekten Urlaub: erst am Meer und dann in den Bergen.

....

2
Sabine

Mein Freund und ich studieren und haben nicht so viel Geld. Daher fahren wir diesen Sommer aufs Land zu meiner Schwester. Auf dem Bauernhof gibt es Kühe,
10 Pferde, Schafe, Hunde und Katzen. Wir können umsonst in der Ferienwohnung
wohnen, wenn wir meiner Schwester ein bisschen mit den Tieren helfen. Wenn es
heiß wird, können wir auch an den Titisee fahren. Dort gibt es ein schönes Strandbad, und man kann am See auch Boote mieten.

3
Pablo

Ich fahre nach Frankreich und besuche Freunde in Bordeaux. Eine Woche bleibe
15 ich dort. Ich möchte dort ein Festival besuchen und ein paar Sehenswürdigkeiten
anschauen, aber vor allem möchte ich sehen, wie meine Freunde leben. Danach
fahren wir alle zusammen an den Atlantik. Ich freue mich schon sehr darauf, denn
ich war lange nicht mehr am Meer. Aber für mich ist das kein „echtes" Meer, weil
das Wetter oft schlecht ist. Ich finde, dass am Strand gutes Wetter sein muss – so
20 wie bei uns in Spanien.

b Lesen Sie die Texte noch einmal und korrigieren Sie.

1 Am Schwarzen Meer ist es Vesela zu heiß, aber ihrem Mann gefällt das.
~~Veselas~~ Familie lebt in Bulgarien in den Bergen.   *Milans*

2 Sabine und ihr Freund wollen auf dem Bauernhof jobben.
Wenn es zu heiß wird, fahren die beiden ans Meer in ein Strandbad.

3 Pablo bleibt drei Wochen in Bordeaux.
Danach fährt er nach Spanien.

A4 Wir fahren in den Süden.

a Markieren Sie die Wörter in den Texten in A3a wie im Beispiel. Ergänzen Sie dann die Tabellen.

Lokale Präpositionen			
Wohin? Akkusativ		**Wo? Dativ**	
in den Süden		im Süden	
ans Meer		_____ Meer	
_____	Berge	_____	Bergen
_____	Land	auf dem Land	
_____	See	_____	See
auf eine Insel		auf einer Insel	
_____	Strand	_____	Strand

WIEDERHOLUNG	**Wohin?**		**Wo?**	
	_____	Frankreich	_____	Bulgarien
	nach Bordeaux		_____	Bordeaux
	in die Türkei		in der Türkei	

b Spielen Sie Gespräche.

Meer Wien Alpen Süden Berge eine Insel die Türkei Schweden ...

heiß langweilig kalt windig laut anstrengend gefährlich trocken ...

◆ Wir könnten im Sommer doch in die Berge fahren!
○ Ach nein, in den Bergen ist es zu langweilig.
◆ Schade! Aber wir könnten ...

B Gutes Wetter wäre auch nicht schlecht.

5 ◀)) 32 **B1 Was ist für Lara und Tim im Urlaub wichtig? Wissen Sie es noch? Kreuzen Sie an.**

Hören Sie dann und vergleichen Sie.

	schöne Land- schaften	nette Leute	gutes Wetter	leckeres Essen	interessante Städte
Lara	○	○	○	○	○
Tim	○	○	○	○	○

Adjektivdeklination ohne Artikel

Nominativ

• der	→ guter	Wein
• das	→ gutes	Wetter
• die	→ interessante	Umgebung
• die	→ nette	Leute

B2 Unterkünfte

a Überfliegen Sie die Anzeigen. Zu welchem Foto passen die Unterkünfte? Ordnen Sie zu.

Pension Panorama – Kleine Pension in ruhiger Lage mit schönem Blick auf die historische Innenstadt. Alle Zimmer mit Bad oder Dusche/WC. Wir bieten freundlichen Service und leckeres Frühstück mit regionalen Produkten. Auf Wunsch auch Halbpension!

1

○ Salzkammergut (A)

Almtal Camping: Wunderschöner Campingplatz direkt am See im Almtal. Natur und Entspannung pur! Erleben Sie schöne Wandertouren in unseren Bergen und Tälern oder entspannen Sie sich auf unserer Badewiese direkt am See!

2

○ Luzern (CH)

b Suchen und markieren Sie die Wörter in a wie im Beispiel. Ergänzen Sie dann die Tabelle.

Adjektivdeklination ohne Artikel

Akkusativ			Dativ		
• den	→	_____ Service	dem	→ mit	_____ Blick
• das	→	_____ Frühstück	dem	→ mit leckerem Frühstück	
• die	→ ruhige Lage		der	→ in _ruhiger_ Lage	
• die	→	_____ Wandertouren	den	→ mit	_____ Produkten

c Ergänzen Sie.

1 Romantisch_____ ● Berghütte mit schön_____ ● Blick ins
Tal und ohne laut_en_ ● Verkehr.

2 Ruhig_er_ ● Bauernhof mit viel_____ ● Tieren,
groß_____ ● Spielwiese und kostenlos_____ ● Fahrradverleih.

3 Familienfreundlich_____ ● Hotel in zentral_____ ● Lage.
Nur fünf Minuten zum Schloss und ins historische Zentrum mit
zahlreich_____ ● Sehenswürdigkeiten.

4 Billig_____ ● Übernachtung neben dem berühmt_____ ● Dom.
Modern_____ ● Jugendherberge für Jung und Alt.

Präposition *ohne* + Akkusativ

den → ohne lauten Verkehr

🔁 **B3 Entspannung und Freizeit. Was mögen Sie?**
Machen Sie Notizen und sprechen Sie
mit Ihrer Partnerin / Ihrem Partner.

Ich mag lange
Spaziergänge, ...

Das mag ich:
lange Spaziergänge
schönes Wetter
...

C1 Eine Reise planen

a Welches Gespräch passt? Hören Sie und ordnen Sie zu.

○
HERBSTANGEBOTE
Städtereisen ab **189 Euro**
inkl. Bahn und Hotel

○
Schon ab **8 Euro**
pro Stunde!

○ **Fluxbus**
für nur **14,90 Euro**
durch Deutschland

b Was ist richtig? Hören Sie noch einmal und kreuzen Sie an.

1 Frau Eichhorn braucht ein Auto für die Fahrt nach ○ Freiburg. ☒ Frankfurt.
Sie mietet einen Wagen für ○ 63 Euro. ○ 300 Euro.
2 Herr Tanaka hat ○ online ○ telefonisch eine Busfahrt gebucht.
Er ○ fährt direkt nach Dresden. ○ hat über eine Stunde Aufenthalt in Berlin.
3 Frau Joost möchte eine Städtereise für vier Tage ○ nach Köln ○ nach Hamburg buchen.
Für die Städtereise gibt es ○ von September an ○ von Oktober an wieder freie Plätze.

Temporale Präpositionen
über eine Stunde = mehr als eine Stunde
von Oktober **an** = ab Oktober

C2 Rollenspiel

Lesen Sie die Anzeige und fragen Sie im Reisebüro nach.

Im Reisebüro – Kunde/Kundin
Sie möchten Ihre Freunde
in … besuchen. Informieren Sie
sich in einem Reisebüro.

Bus Müller – Ihr Spezialist für Busreisen

Viele Sonderangebote, zum Beispiel:

Berlin – Hamburg	ab 29 Euro
Wien – Prag	ab 39 Euro
Zürich – Kiel	ab 49 Euro

Im Reisebüro – Angestellter/Angestellte
Geben Sie Auskunft. Die günstigen
Busreisen sind leider schon ausgebucht.
Aber es gibt noch andere Angebote.

Ich möchte die Reise / den Bus nach … buchen.	*Für wie viele Personen? Wann?*
Für … Personen.	*Es ist leider kein Platz mehr frei. /*
Von … bis …	*Der Termin ist leider schon ausgebucht.*
	Aber von … an haben wir wieder freie Plätze.
	Wir haben auch noch andere Angebote:
	Mit dem Bus für … Euro nach …
Was kostet die Reise?	*Das macht … Euro.*
Wie lange dauert denn die Fahrt?	*Sie können am … um … abfahren.*
	Und sind dann um … am Ziel.
Ist das eine Direktverbindung?	*Ja./Nein, Sie müssen in … umsteigen*
	und haben … Aufenthalt.

D Nachrichten schreiben

D1 Komm mich besuchen!

a Lesen Sie die Nachrichten und ordnen Sie die Antworten zu.

1

Freue mich so auf Deinen Besuch am Wochenende! Was möchtest Du in Luzern machen? Wir könnten wandern. Von den Bergen hat man einen wunderschönen Blick auf den Vierwaldstättersee. Wir könnten aber natürlich auch Kanu fahren oder surfen. Oder hast Du eher Lust auf eine Stadtführung? Die Altstadt hier ist wunderschön! Wir können aber auch eine Ausstellung ansehen ...

2

Wann kommst Du mich besuchen? Ich möchte Dir so gern Leipzig zeigen. Du musst unbedingt die bekannte Nikolaikirche und die Thomaskirche sehen.

 Und hast Du schon mal Leipziger Allerlei gegessen? Das kannst Du hier probieren. Nirgends schmeckt es besser als bei uns.

3

Der Umzug ist geschafft! Komm doch mal nach Kappeln. Du bist herzlich eingeladen. Hier kann man wunderbar am Wasser spazieren gehen und Vögel beobachten oder Rad fahren. Oder möchtest Du vielleicht Deutschlands kleinste Stadt Arnis besuchen? Wir könnten auch nach Schleswig fahren, wenn Du Lust auf einen Ausflug mit dem Schiff hast. Ich freue mich auf Dich!

A Klingt super! Du weißt ja, ich mache total gern Fahrradtouren.

B Hm. Sieht lecker aus. Das muss ich unbedingt probieren!

C Ach, mal sehen. Das entscheiden wir dann. Ich packe auf jeden Fall die Wanderstiefel ein. ;-)

Nachricht	1	2	3
Antwort			

b Welche Nachricht passt? Lesen Sie noch einmal und ordnen Sie zu.

1 ② Es gibt hier leckere Spezialitäten.
2 ○ Die Berge und das Wasser bieten viele Sportmöglichkeiten.
3 ○ Man kann Spaziergänge machen und Vögel sehen.
4 ○ Die Stadt hat ein schönes altes Stadtzentrum.
5 ○ Die Stadt ist bekannt für ihre Kirchen.
6 ○ Man kann Ausflüge mit dem Schiff oder dem Fahrrad machen.

> **SCHON FERTIG?** Was kann man an Ihrem Wohnort/Geburtsort machen? Schreiben Sie.

D2 Sie laden eine Freundin / einen Freund zu sich ein. Schreiben Sie eine Nachricht.

– Laden Sie eine Freundin / einen Freund zu sich ein.
– Machen Sie zwei bis drei Vorschläge (Sport/Kultur/Essen/Ausflüge):
  Was könnten Sie gemeinsam machen?
– Sagen Sie, dass Sie sich auf den Besuch freuen.

> *Wann ...?* | *Komm doch mal nach ...* | *Du bist herzlich eingeladen.*
> *Wir könnten ... gehen./fahren./besichtigen./anschauen.* | *Ich möchte Dir so gern ... zeigen.*
> *Du musst unbedingt ... sehen.* | *Hast Du Lust auf ...?* | *Möchtest Du vielleicht ...?*
> *Du kannst ... probieren. Das schmeckt ...* | *Bis bald!* | *Ich freue mich auf Dich!*

5 ◀)) 36 **E1 Vroni und Valentin planen eine Urlaubsreise.**

a Wohin fahren sie? Hören Sie und kreuzen Sie an.

○ Alpen   ○ Schaffhausen   ○ Klöntalersee

b Hören Sie noch einmal und notieren Sie die Antworten.

1 Welchen Vorschlag macht Valentin?   _nach Schaffhausen fahren_
2 Welchen Vorschlag macht Vroni?   _____
3 Worauf einigen sich die beiden?   _____
4 Was wollen sie dort machen?   _____
5 Wie kommen sie dorthin?   _____
6 Wo übernachten sie?   _____

E2 Etwas planen: Ordnen Sie zu.

~~Wollen wir ...?~~   ~~Ja, gut, machen wir es so.~~   ~~Also, ich weiß nicht. Ich bin dagegen.~~   Ich habe da eine Idee.
Das ist aber keine gute Idee.   Lass uns doch ...   Ich bin dafür.   Ach nein, darauf habe ich keine Lust.
Ich habe da einen Vorschlag.   Darf ich einen Vorschlag machen?   Super. Das ist eine gute Idee.

Vorschläge machen	einen Vorschlag annehmen	einen Vorschlag ablehnen
Wollen wir ...?	Ja, gut, machen wir es so.	Also, ich weiß nicht. Ich bin dagegen.

E3 Wir machen eine Reise.

a Machen Sie Notizen zu den Fragen.

Wohin?   Womit?   Was machen?   Wo übernachten?

> Wohin? in die Berge.
> Womit? ...
> Was machen? wandern
> Wo übernachten? ...

b Sprechen Sie zu dritt. Benutzen Sie Sätze aus E2. Einigen Sie sich.

◆ Wollen wir in die Berge fahren und dort wandern?
○ Oh, nein. Darauf habe ich keine Lust. Das ist zu anstrengend. Ich möchte lieber faulenzen.
▲ Und ich würde mir gern eine Stadt ansehen.
◆ Dann lasst uns doch nach Konstanz fahren. Dort könnten wir ...
○ Einverstanden. Das ist eine gute Idee. Und wie kommen wir dorthin?
  ...

c Worauf haben Sie sich geeinigt? Erzählen Sie im Kurs.

> Wir fahren nach Konstanz.
> Wir wollen dort ...

Grammatik und Kommunikation

Grammatik

1 Lokale Präpositionen ⓊⒼ 6.02

	Wo? – Dativ		Wohin? – Akkusativ	
an	• am	Atlantik	• an den	Atlantik
	• am	Meer	• ans	Meer
	• an der	Küste	• an die	Küste
auf	• auf dem	Land	• aufs	Land
	• auf der	Insel	• auf die	Insel
in	• im	Schwarzwald	• in den	Schwarzwald
	• im	Gebirge	• ins	Gebirge
	• in der	Wüste	• in die	Wüste
	• in den	Bergen	• in die	Berge

Wo sind die Personen?
Wohin fahren/gehen sie?
Schreiben Sie.

Dschungel Insel Strand

Wo?	Wohin?
Er ist im Dschungel. Sie ...	Er fährt in den ...

2 Adjektivdeklination ohne Artikel ⓊⒼ 4.03

Nominativ	Akkusativ	Dativ
• schöner Blick	schönen Blick	schönem Blick
• leckeres Frühstück	leckeres Frühstück	leckerem Frühstück
• schöne Lage	schöne Lage	schöner Lage
• regionale Produkte	regionale Produkte	regionalen Produkten

Schreiben Sie eine Anzeige zu dem Hotel.

Schönes Hotel ...

3 Modale Präposition *ohne* + Akkusativ ⓊⒼ 6.04

den → ohne lauten Verkehr

4 Temporale Präpositionen ⓊⒼ 6.01

von ... *an* + Dativ	*über* + Akkusativ
Von Oktober an gibt es wieder freie Plätze.	Er hat über eine Stunde Aufenthalt in Berlin.

Ordnen Sie zu und schreiben Sie.

~~neben~~ ~~ohne~~ aus durch von ... an vor zwischen in seit

den/das/die   dem/dem/der

für um bis ohne | an auf unter neben | mit nach gegenüber bei

Das Regal ist neben meinem Schreibtisch.
Ich stelle das Regal neben meinen Schreibtisch. ...

Kommunikation

EINE REISE BUCHEN: Ich möchte die Reise nach ... buchen.

Ich möchte die Reise / den Bus nach ... buchen.

Für ... Personen.
Von ... bis ...

Für wie viele Personen? Wann?

*Es ist leider kein Platz mehr frei. /
Der Termin ist leider schon ausgebucht.
Aber von ... an haben wir wieder freie Plätze.
Wir haben auch noch andere Angebote:
Mit dem Bus für ... Euro nach ...*

Was kostet die Reise?

Das macht ... Euro.

Wie lange dauert denn die Fahrt?

*Sie können am ... um ... abfahren.
Und sind dann um ... am Ziel.*

Ist das eine Direktverbindung?

*Ja./Nein, Sie müssen in ... umsteigen und
haben ... Aufenthalt.*

SCHRIFTLICHE EINLADUNG: Du bist herzlich eingeladen.

*Wann ...? | Komm doch mal nach ... | Du bist herzlich eingeladen.
Wir könnten ... gehen./fahren./besichtigen./anschauen.
Ich möchte Dir so gern ... zeigen. | Du musst unbedingt ... sehen.
Hast Du Lust auf ...? | Möchtest Du vielleicht ...? | Du kannst ... probieren.
Das schmeckt ... | Bis bald! | Ich freue mich auf Dich!*

VORSCHLÄGE: Wollen wir ...?

Wollen wir ...?

*Ja, gut, machen wir es so. /
Ach nein, darauf habe ich keine Lust.*

Lass uns doch ...

*Super. Das ist eine gute Idee. /
Das ist aber keine gute Idee.*

Ich habe da einen Vorschlag. / eine Idee.
Darf ich einen Vorschlag machen?

*Ich bin dafür./Ich bin dagegen.
Also, ich weiß nicht.*

1 Schreiben Sie Gespräche und zerschneiden Sie sie.

◊ Ich möchte die Reise nach Frankfurt buchen.
◊ Für wie viele Personen?
◊ Für zwei Personen.

2 Sortieren Sie die Gespräche dann.

Mein Ort. Machen Sie fünf Vorschläge.

Komm nach ...!
Wir könnten ...
Ich möchte Dir so gern ... zeigen.
Du ...

Sie möchten noch mehr üben?

5 | 37–39 AUDIO-TRAINING

VIDEO-TRAINING

Lernziele

Ich kann jetzt ...

A ... sagen, wohin ich gern reise und wo ich gern im Urlaub bin:
Danach fahre ich aufs Land. _____ ☺ ☹ ☹

B ... Anzeigen verstehen: *Familienfreundliches Hotel mit ...* _____ ☺ ☹ ☹
... über Entspannung und Freizeit sprechen:
Ich mag lange Spaziergänge. _____ ☺ ☹ ☹

C ... etwas buchen:
Ich möchte die Reise nach Hamburg buchen. _____ ☺ ☹ ☹

D ... Kurznachrichten schreiben: *Komm doch mal nach ...* _____ ☺ ☹ ☹

E ... eine Reise planen:
Wollen wir in die Berge fahren und dort wandern? _____ ☺ ☹ ☹

Ich kenne jetzt ...

... 8 Regionen und Landschaften:
der Schwarzwald,
die Berge, ...

... 6 Unterkünfte:
der Campingplatz, ...

FILM

An der Donau entlang

1 Sehen Sie den Film an. Was ist richtig? Kreuzen Sie an.

a ○ Markus Schneider geht immer allein wandern.
b ☒ Er macht eine Wanderung an der Donau.
c ○ Er wandert zu Fuß und fährt auch mit dem Fahrrad.
d ○ Kelheim ist eine Stadt am Rhein.
e ○ In der Nähe von Kelheim liegt ein altes Denkmal:
   die „Befreiungshalle".
f ○ Beim „Donaudurchbruch" ist der Fluss ganz breit.

2 Wandern Sie auch gern?
Wo sind Sie schon gewandert?
Erzählen Sie.

> Ich wandere nicht gern,
> das finde ich langweilig.

LANDESKUNDE

Kelheim, die Stadt im Fluss

Kelheim liegt fast genau in der Mitte von Bayern und hat etwa 16.000 Einwohner. Sie nennt sich selbst „Stadt im Fluss". Das hat 5 einen doppelten Sinn. Erstens liegt ein Teil von Kelheim wirklich zwischen zwei Flüssen. Zweitens bedeutet „im Fluss sein" im Deutschen auch: sich bewegen, wei- 10 terkommen. In Kelheim bewegt sich ziemlich viel. Zum Beispiel fließt hier die Altmühl in die Donau. Die Donau kennt jeder. Sie ist fast 3.000 Kilometer lang und 15 fließt durch halb Europa. Die Altmühl ist nur ein ganz kleiner Fluss. Aber sie ist auch wichtig. Ihre letzten 34 Kilometer gehören nämlich zum Rhein-Main-Donau- 20 Kanal. Nur weil es diesen Kanal gibt, kann man mit dem Schiff von der Nordsee durch Holland, Deutschland, Österreich, die Slowakei, Ungarn, Serbien, Bulga- 25 rien und Rumänien bis ins Schwarze Meer fahren. Auf dem langen Weg fährt man irgend- wann auch durch Kelheim, die kleine schöne Hafenstadt mitten 30 in Bayern.

Lesen Sie den Text und korrigieren Sie die Sätze.

a ~~Am Rand~~ von Bayern liegt die Stadt Kelheim. _In der Mitte_
b Sie hat sechzigtausend Einwohner. _____
c Die Stadt heißt auch „Stadt im Wasser". _____
d Hier fließt der Rhein in die Donau. _____
e Die Donau fließt durch ganz Deutschland. _____
f Von Kelheim aus kann man mit dem Schiff bis ins Rote Meer fahren. _____

Donau-Quiz

Wien

Bratislava

Budapest

Belgrad

Nun wissen Sie schon eine Menge über Kelheim an der Donau. Die Donau fließt nicht nur durch Deutschland. Sie ist ein internationaler Fluss.

1 Finden Sie im Kurs Antworten auf alle Fragen?
Sehen Sie auch im Internet nach.

a Wie lang ist die Donau genau?
b Durch wie viele Staaten fließt die Donau?
c Welcher Staat hat den längsten Donauanteil?
d Vier Hauptstädte liegen an der Donau. Wie heißen Sie?
e Welcher Fluss auf der Welt fließt durch die meisten Länder?

2 Machen Sie mit Ihrer Partnerin / Ihrem Partner ein Quiz zu einer Stadt an der Donau.
Tauschen Sie mit einem anderen Paar.

Wie viele Einwohner hat Belgrad?

...

Geld

Folge 13: Was du heute kannst besorgen, ...

1 Was passt? Ordnen Sie zu.

◯ • die Kontonummer   ◯ • der Kontoauszug   ③ • das Geld abbuchen

KONTOAUSZUG		
GeldPlus Bank	BLZ 100 900 44	2 Konto 0532013000
Buchung	**VORGANG**	**Betrag**
27.7.	3 Auszahlung Firma NMC	EUR 29,99

6 ◀)) 1–8   2 Was ist richtig?

Sehen Sie die Fotos an, hören Sie und kreuzen Sie an.

a Frau Sicinski hat ein Problem ◯ mit ihrer Bank. ◯ mit dem Internet.

b Sie möchte gern ◯ Aktien kaufen. ◯ ein Girokonto eröffnen.

6 ◀)) 1–8

3 Was passt? Hören Sie noch einmal und verbinden Sie.

a Frau Sicinski sieht auf ihrem Kontoauszug, dass NMC 29,99 € von
ihrem Konto abgebucht hat.

b Tim meint, dass Frau Sicinski zu
ihrer Bank gehen soll.

c Deshalb geht Tim mit Frau Sicinski
zu seiner Bank.

d Zum Schluss wird sogar Frau Sicinskis
Frage zu der Abbuchung beantwortet:

NMC ist eine Telefongesellschaft. Auch Frau
Sicinski ist Kundin dort.

Dort eröffnet Frau Sicinski ein neues Konto.
Die Bank kümmert sich auch um ihr altes
Konto.

Aber das möchte Frau Sicinski nicht, weil
sie ihr dort immer etwas verkaufen wollen.

Sie ärgert sich, weil sie die Firma nicht
kennt, und bittet Tim um Hilfe.

Tims Film

4 „Was du heute kannst besorgen, das verschiebe nicht auf morgen."
Was verschieben Sie oft? Erzählen Sie.

> Ich putze nicht gern Fenster. Das
> verschiebe ich immer wieder ...

A Können Sie mir sagen, **was** ich da **tun muss**?

6 ◀)) 9 **A1** Hören Sie und ergänzen Sie. Ergänzen Sie dann die Tabelle.

◆ Ich will nur ein Konto.
Können Sie mir sagen,

_____

_____ ?

○ Wissen Sie noch,

_____

_____ :

Meine Bank ist okay.

Indirekte Fragen mit Fragepronomen
Können Sie mir sagen, was ich da tun muss?
Wissen Sie (noch),
_____

auch so: wo, wie, wann, ...

A2 Am Bankschalter: Schreiben Sie.

> Ich wollte Geld abheben und nun
> ist meine Kreditkarte weg. Der
> Geldautomat hat sie behalten.
> Können Sie mir sagen, ...?

a *wie ich meine Karte zurückkriege?*
Wie kriege ich meine Karte zurück?

b _____ ?
Wie lange dauert das?

c _____ ?
Wie kann ich trotzdem Geld abheben?

d _____ ?
Wo kann ich eine neue Kreditkarte beantragen?

e _____ ?
Wie lange haben Sie heute geöffnet?

> **SCHON FERTIG?**
> Auf der Post,
> im Supermarkt.
> Schreiben Sie Fragen.

🔁 A3 Geld auf Reisen

a Welche Fragen/Probleme können Touristen auf einer Bank haben?
Schreiben Sie mit Ihrer Partnerin / Ihrem Partner drei Kärtchen..

> Geheimzahl vergessen
>
> EC-Karte verloren
>
> Geld wechseln: Wo?

b Kartenspiel: Arbeiten Sie in Gruppen.
Mischen Sie die Kärtchen und ziehen Sie abwechselnd
eine Karte. Was sagen Sie in dieser Situation?

> Ich möchte ..., aber ...
> Ich weiß nicht, was ich jetzt tun soll.
> Würden Sie mir das bitte erklären?
> Können Sie mir helfen?
> Was soll ich denn jetzt machen?
> Können Sie mir sagen/zeigen, wie/was ...?

> Ich habe meine
> Geheimzahl vergessen.
> Können Sie mir sagen,
> was ich nun tun soll?

B1 Wer möchte was wissen? Verbinden Sie.

A

B

Darf ich fragen, ob Sie Ihren Personalausweis dabeihaben?

Könnten Sie mal nachsehen, ob das Kriminelle sind?

Indirekte Fragen mit Ja-/Nein-Fragen

| Haben Sie Ihren Ausweis dabei? | Ja./Nein. |

Darf ich fragen, ob Sie Ihren Ausweis dabei haben?

B2 Welche Erklärung passt? Verbinden Sie.

a Zoll bezahlen   Man bezahlt sie, wenn man sich Geld leiht.
                                   Oder man bekommt sie, wenn man Geld spart.

b bar bezahlen   Das bezahlt man an den Staat, wenn man bestimmte
                                   Waren ins Land mitbringt.

c die Zinsen   Man bezahlt nicht mit Karte, sondern mit Geldscheinen
                                   und/oder Münzen .

6 🔊 10–11 B3 Was fragen die Leute? Ergänzen Sie Sätze mit *ob*. Hören Sie dann und vergleichen Sie.

| Akzeptieren Sie auch Kreditkarten? | Muss ich die Summe bar bezahlen? |

a ◆ Du musst sicherlich Zoll bezahlen.
   ○ Oje, weißt du, _____?
   ◆ Nein, das glaube ich nicht. Das geht sicher auch mit Karte.

b ▲ Ich wollte fragen, _____
   _____ .
   ☐ Nein, tut mir leid, wir nehmen hier nur Bargeld.

🔁 B4 Fragen Sie im Kurs. Beginnen Sie Ihre Fragen mit: *Ich würde gern wissen, ... / Ich wollte dich fragen, ...* Wer findet zuerst zu jeder Frage eine Person?

		Wer?
a	Hast du schon mal etwas in Raten bezahlt?	Maria
b	Bezahlst du im Internet oft mit Kreditkarte?	
c	Hast du als Kind Taschengeld bekommen?	
d	Erledigst du deine Bankgeschäfte online?	
e	Sparst du monatlich eine bestimme Summe?	

◆ Ich wollte dich fragen, ob du schon mal etwas in Raten bezahlt hast?
○ Nein, das habe ich noch nie gemacht.
◆ Maria, ich würde gern wissen, ob du schon mal etwas in Raten bezahlt hast?
▲ Ja, ich habe schon mal eine Waschmaschine in Raten bezahlt ...

C Dort können Sie Ihr Konto prüfen **lassen**.

C1 Was macht Frau Sicinski selbst, was lässt sie machen? Kreuzen Sie an.

	Das macht sie selbst.	Das machen andere für sie.
Lassen Sie Ihr Konto prüfen.	○	⊗
Ich putze die Treppe.	○	○
Ich lasse das Fahrrad reparieren.	○	○

Verb: *lassen*

	Lassen	Sie Ihr Konto	prüfen.
Sie	lässt	ihr Konto	prüfen.

du	lässt
er/es/sie	lässt

C2 Beratung im Fitness-Studio

a Welcher Abschnitt passt zu den Fragen? Lesen Sie den Text und ordnen Sie zu.

○ Was wird bei den regelmäßigen Beratungen gemacht?   ○ Warum sollte ich mich beraten lassen?
○ Wie oft sollte ich mich beraten lassen?

1 Du möchtest effektiv trainieren? Dann solltest du dich vor dem Krafttraining beraten lassen. Ein Trainer kontrolliert deine Gesundheit und erstellt deinen individuellen Trainingsplan.

2 Doch nicht nur am Anfang solltest du dich beraten lassen. Experten empfehlen eine erneute Beratung nach ca. drei Monaten. Du kannst dir auch schon nach sechs Wochen einen neuen Trainingsplan erstellen lassen.

3 Bei der regelmäßigen Kontrolle überprüft der Trainer, ob die Übungen noch richtig gemacht werden. So vermeidest du gesundheitliche Probleme. Am wichtigsten sind neue Übungen. Nur mit unterschiedlichen Übungen können Fortschritte erreicht werden.

Du solltest dich vor dem Training beraten lassen.

b Lesen Sie den Text noch einmal. Machen Sie Notizen zu den Fragen. Vergleichen Sie dann mit Ihrer Partnerin / Ihrem Partner.

Warum? effektiv trainieren
Wie oft?
Was?

◆ Warum soll man sich vor dem Training beraten lassen?
○ Weil man so effektiv trainiert.
◆ Ja, und weil …

⇆ **C3 Was machen Sie selbst? Was lassen Sie machen?**
Fragen Sie und antworten Sie im Kurs.

Fahrrad reparieren   Wohnung renovieren   Kleidung ändern   Haare schneiden   …

◆ Reparierst du dein Fahrrad selbst, wenn es kaputtgeht? Oder lässt du es reparieren, Chika?
○ Ich lasse es reparieren. Ich kenne mich z. B. mit den Bremsen überhaupt nicht aus.
▲ Ich mache das selbst. So kann ich Kosten sparen.

D1 Leben ohne Geld mitten in Deutschland

a Was ist richtig? Überfliegen Sie den Artikel und kreuzen Sie an.

Der Artikel heißt „Ein Leben ohne Geld mitten in Deutschland!", ...
○ weil Nele und Luca arm sind und sparen müssen.
○ weil Nele und Luca kein Geld ausgeben wollen.

EIN LEBEN OHNE GELD MITTEN IN DEUTSCHLAND!

„Geldfrei" nennen Nele Pieper, 20, und Luca Vogelsang, 21, ihr Leben. Seit einem Jahr testen sie ein Leben ohne Geld. Bisher funktioniert es ganz gut, sagen sie. Und arm sind sie nicht, denn bei anderen bleibt genug übrig. Davon können Nele und Luca gut leben.

5 Möglich ist das durch den Trend zum Teilen und Tauschen. Immer mehr Menschen wünschen sich, dass weniger Essen im Müll landet. In vielen Städten gibt es inzwischen Foodsharing-Initiativen im Internet. Wenn Menschen Lebensmittel nicht mehr brauchen, können sie sie hier verschenken. Aber sogar in Supermärkten kann man Essen umsonst bekommen.

10 Denn die Firmen sparen Entsorgungskosten, wenn übrig gebliebenes Essen abgeholt wird. Kleidung kann man sich in „Umsonstläden" oder auch im Kleidertausch holen. „Wir tauschen auch Tipps für den Alltag mit anderen ‚geldfreien' Menschen. Das geldfreie Leben ist gar nicht so schwierig."

Nele und Luca können sogar umsonst bei einem Freund wohnen. Aber meistens sind sie unterwegs und übernachten bei Bekannten. Nicht nur in Deutschland, sondern auch in Österreich und
15 der Schweiz geben sie Tipps zum geldfreien Leben.
Dabei gibt es auch immer wieder kritische Fragen. „Was macht man z.B., wenn man krank wird?" Die Antwort: „Wir sind im Moment noch bei unseren Eltern versichert."

Nele und Luca sind sich einig: „Unser geldfreies Leben ist ein Experiment. Es funktioniert tatsächlich und soll andere inspirieren."

b Lesen Sie noch einmal und beantworten Sie die Fragen. Schreiben Sie dann zwei eigene Fragen und tauschen Sie mit einem anderen Paar.

1 Was probieren Nele und Luca aus?
2 Wo kann man umsonst Lebensmittel bekommen?
3 Wo wohnen die beiden?

> 1 Was ist eine Foodsharing-Initiative?
> 2 ...

D2 Was halten Sie von der Idee? Machen Sie Notizen und sprechen Sie.

a Wie finden Sie die Idee von Nele und Luca?

b Würden Sie auch gern einmal eine Zeit lang ohne Geld leben? Warum / Warum nicht?

c Wie würden Sie ohne Geld leben?
Reisen: Trampen, Couchsurfing, Jobben für Essen und Übernachtung

d Welche Dinge wären / Was wäre Ihnen sehr wichtig? Was brauchen Sie unbedingt?
eine Tasse Kaffee zum Frühstück

> Ich finde die Idee toll und würde gern mal mindestens ein Jahr lang ohne Geld reisen. Ich würde wandern oder trampen. Schlafen würde ich bei Fremden. Auf der Website „Couchsurfing" findet man immer einen Schlafplatz.

E1 Sehen Sie das Bild an. Zu welchen Situationen A bis E passen die Wörter? Ordnen Sie zu.

	• die Spende		• die Geldbörse		• die Spendendose		• der Überfall
C							

	• der Strafzettel		• der Parkschein		• das Menü

SCHON FERTIG? Finden Sie noch weitere Wörter zum Bild.

6 ◀)) 12–16 **E2 Was ist richtig? Hören Sie die Gespräche A bis E und kreuzen Sie an.**

A
☒ Der Passant hat kein Bargeld.
☒ Der Passant möchte dem Räuber das Geld überweisen.

B
○ Dem Gast hat das Essen nicht geschmeckt.
○ Der Ober will die Polizei rufen.

C
○ Die Frau spendet Geld für die Kinderhilfe.
○ Das Kind möchte wissen, wie viel Uhr es ist.

D
○ Der Autofahrer hat kein Kleingeld.
○ Der Autofahrer ist böse, weil er einen Strafzettel bekommt.

E
○ Die beiden Leute sagen, dass die Geldbörse ihnen gehört.
○ Die Geldbörse gehört dem Mann.

E3 Sehen Sie Situation F auf dem Bild auf Seite 160 an.

Schreiben Sie ein Gespräch und spielen Sie im Kurs.

◇ Papa, kaufst du mir ein Eis?
○ Ich habe dir gerade schon ein Eis gekauft.
◇ Ja, aber das ist runtergefallen. Guck mal!
  Darüber freut sich jetzt der Hund.
○ Dann musst du besser aufpassen.
◇ Ach Papa, bitte ...
△ Hier, mein Junge. Ich hoffe, mein Eis schmeckt dir
  genauso gut, wie meinem Hund dein Eis schmeckt.

SCHON FERTIG? Schreiben Sie weitere Gespräche zum Bild in E1.

E4 Warum ...?

a Überlegen Sie sich mit Ihrer Partnerin / Ihrem Partner eine Frage zu dem Bild und schreiben Sie sie an die Tafel.

1 Warum hat der Eisverkäufer gute Laune?

2 Welchen Beruf hat der Fahrer in dem gelben Auto?

b Was meinen Sie? Spekulieren Sie mit Ihrer Partnerin / Ihrem Partner über die Fragen und machen Sie Notizen.

1 ... hat heute eine Gehaltserhöhung bekommen.

...

c Lesen Sie die Fragen im Kurs vor und hören Sie alle Antworten dazu. Welche Antwort gefällt Ihnen am besten? Warum?

Also mir hat die Antwort von Nadim und Luba am besten gefallen. Die war total lustig.

Ja, das finde ich auch. Und die Antwort von ... finde ich ungewöhnlich und interessant.

Grammatik und Kommunikation

Grammatik

1 Indirekte Fragen mit Fragepronomen ÜG 10.03

	Fragepronomen (W-Fragen)		Ende
Können Sie mir sagen,	was	ich da	tun muss?
Wissen Sie (noch),	was	ich	gesagt habe?
	wo	man Geld	abheben kann?

auch so: wie, wann, warum, ...

2 Indirekte Fragen bei Ja-/Nein-Fragen ÜG 10.03

	ob		Ende
Darf ich fragen,	ob	Sie Ihren Ausweis dabei	haben?
Können Sie mal nachsehen,	ob	das Kriminelle	sind?

3 Verb: Konjugation ÜG 5.15

	lassen
ich	lasse
du	lässt
er/es/sie	lässt
wir	lassen
ihr	lasst
sie/Sie	lassen

	Position 2		Ende
Sie	lässt	ihr Konto	prüfen.
Du	solltest	dich vor dem Training	beraten lassen.

In der Sprachenschule.
Schreiben Sie die Fragen höflicher.

Wann fängt der Deutschkurs an?

Kann ich den Kurs bar bezahlen?

Wann kann ich die Prüfung machen?

Muss ich ein Buch kaufen?

Darf ich fragen, wann ...?

Was würden Sie gern machen lassen? Notieren Sie fünf Dinge.

Ich würde gern mein Auto waschen lassen.
...

Kommunikation

HÖFLICH FRAGEN: Können Sie mir sagen, …

Können Sie mir sagen, was ich da tun muss?

Wissen Sie,   wie ich meine Karte zurückkriege/…?

wo ich eine neue Kreditkarte/… beantragen kann?

ob ich die Summe bar bezahlen muss?

Könnten Sie mal nachsehen, ob …?

Darf ich / Ich wollte (dich) fragen, …

Ich würde gern wissen, …

UM HILFE BITTEN: Können Sie mir helfen?

Würden Sie mir das bitte erklären?

Können Sie mir helfen?

Was soll ich denn jetzt machen?

Können Sie mir sagen/zeigen, wie/was …?

UNKENNTNIS ÄUSSERN: Keine Ahnung!

Ich kenne mich damit überhaupt nicht aus.

Keine Ahnung!

Ich weiß nicht, was ich jetzt tun soll.

Ich möchte …, aber …

Sie brauchen Hilfe. Was sagen Sie?
Schreiben Sie vier Sätze.

Können Sie …?

Sie möchten noch mehr üben?

6 | 17–19 AUDIO-TRAINING

VIDEO-TRAINING

Lernziele

Ich kann jetzt …

A/B … höfliche Fragen stellen:
Können Sie mir sagen, was ich da tun muss? / Wissen Sie, ob …? ____ ☺ ☹ ☹

C … Ratgeber verstehen:
Du solltest dich vor dem Krafttraining beraten lassen. _____ ☺ ☹ ☹

D … eine Reportage verstehen:
Leben ohne Geld mitten in Deutschland. _____ ☺ ☹ ☹

E … Gespräche rund ums Geld verstehen:
Eine kleine Spende für die Kinderhilfe! _____ ☺ ☹ ☹

Ich kenne jetzt …

… 15 Wörter zum Thema *Bank und Geld*:

der Geldautomat, _____

_____

_____

COMIC

Der kleine Mann: Geben macht Freude

1 Lesen Sie den Comic und ergänzen Sie.

Die Kinder möchten ein _Eis_ essen, haben aber nicht genug _____ .

Der kleine Mann lässt einen _____ auf den Boden fallen.

Die Kinder _____ den Euro und _____ sich sehr.

> Meine Nachbarin ist 70. Ich kaufe manchmal für sie ein. Da freut sie sich immer.

2 Hat Geben oder Helfen Ihnen auch schon einmal Freude gemacht? Erzählen Sie.

SPIEL

Hilfe, ich bin berühmt!

Das Indirekte-Fragen-Spiel
Auf Ihrer Stirn klebt ein Blatt Papier, und darauf steht ein Name von einem berühmten Menschen. Es kann ein Künstler sein, eine Sportlerin, ein Politiker, ... Die Person kann noch leben. Sie kann aber auch schon tot sein. Alle im Kurs können den Namen lesen, nur Sie nicht. Wer ist es? Finden Sie es heraus! Fragen Sie einfach.

Das (und noch viel mehr) dürfen Sie fragen:

> Kannst du mir sagen, ob ich ein Mann oder eine Frau bin?
>
> Kannst du mir bitte sagen, ob ich schon tot bin?
>
> Weißt du, wo ich zurzeit lebe?
>
> Kannst du im Internet nachsehen, wann ich gestorben bin?
>
> Kannst du mir sagen, wann ich geboren wurde?

Das dürfen Sie nicht fragen:

> Kannst du mir sagen, wer ich bin?
>
> Weißt du, wie ich heiße?

LIED

Leben lassen

Ist das langweilig!
Was machst du denn da für Sachen?
Das brauchst du alles nicht mehr zu machen!
Nein?
Ich bin da. … Ich mach' das nun.
Ab heute musst du nichts mehr tun.
Wow! Das ist ja toll!

Ich lass' es heute richtig krachen!
Ich lasse mir ein _____ machen.
Ich lasse mir _Champagner_ kühlen.
Ich lasse das _____ abspülen.

Ich lass' mir die _____ waschen.
Ich lass' mir die _____ bügeln.
Ich lass' mir die _____ bringen.
Ich lass' mir ein _____ vorsingen.

Ich lasse mir die _____ föhnen.
Ich lasse mich total verwöhnen.
Ich lasse meinen _____ pflegen.
Ich lasse mir die _____ legen.

Ich lass' mir die Welt erklären.
Ich lass' mir die Zukunft zeigen.
Ich lass' mir mehr Freizeit schenken.
Lass' den Robot für mich denken.

Wenn's bloß nicht so langweilig wär'!
Alles, alles macht jetzt er.
Oh, wie ist mein Leben leer!
Ich darf leider gar nichts mehr.
Weißt du was?
Nein, was denn?
Ich mach' jetzt das: …
Nein! Nein! Nein! Nein!
Du bleibst stehen und das ist schön, denn …
Ich will alles selber machen.
Ich will wieder richtig lachen.

1 Lesen Sie den Liedtext und ordnen Sie zu.

~~Champagner~~ Haare Karten Hemden Wäsche Essen Garten Geschirr Lied Zeitung

6 ◀)) 20 **2** Hören Sie das Lied und vergleichen Sie.

> Ich würde ihn gern einkaufen lassen.

3 Diskutieren Sie: Was würden Sie Ihren Roboter alles machen lassen?

Lebensstationen

Folge 14: Es kommt, wie es kommen soll.

6 🔊 21–28 **1 Sehen Sie die Fotos an.**

Was meinen Sie? Sprechen Sie. Hören Sie dann und vergleichen Sie.

a Wo sind Lara und Tim? Was machen sie?
b Wie gefällt ihnen der Tag? Wie fühlen sie sich?
c Worüber sprechen sie?

6 🔊 21–28 **2 Welches Foto passt? Hören Sie noch einmal und ordnen Sie zu.**

Foto
a ◯ Ich habe mein Handy verloren.
b ◯ Ein richtig schöner erster Urlaubstag war das.
c ◯ Es ist vielleicht ein bisschen laut hier. Trotzdem macht es Spaß.
d ◯ Das Wetter ist so toll heute. – Wir könnten rausgehen.
e ① Wie schön, dass du da bist! Komm rein!
f ◯ Es kommt, wie es kommen soll.
g ◯ Wir könnten ins Kino gehen.
h ◯ Hier, nimm mein Handy.

Tims Film

3 „Es kommt, wie es kommen soll."
Arbeiten Sie in drei Gruppen. Jede Gruppe wählt ein Thema.
Machen Sie ein Plakat mit Ihren Ideen und stellen Sie es den anderen Gruppen vor.

Gruppe 1: Was machen Lara und Tim morgen?
Gruppe 2: Was machen Lara und Tim in einem Jahr?
Gruppe 3: Was machen Lara und Tim in zehn Jahren?

Wir glauben, dass Lara in einem Jahr eine Stelle in Deutschland gefunden hat. Sie und Tim …

Also wir denken, dass Tim wieder nach Kanada geht und dann …

Lara und Tim in einem Jahr:

- Lara hat eine Stelle in Deutschland gefunden.
- Lara und Tim leben zusammen.
- …

A Ein richtig schöner Tag **war** das!

A1 Dieses Foto habe ich immer bei mir.

a Lesen Sie die Texte. Wie heißen die Personen auf den Fotos? Ergänzen Sie.

Welches Foto haben Sie auf Ihrem Handy immer dabei? Warum?

1 _Lara_

Tim aus Kanada: Letztes Jahr im Deutschkurs habe ich Lara kennengelernt. Sie war mir gleich sympathisch, weil sie so nett und lustig war. Bis heute kann ich mit niemandem so viel Spaß haben wie mit ihr. Das Foto hier zum Beispiel habe ich in Salzburg gemacht, dort waren wir zusammen. Ein richtig schöner
5 Tag war das! Nach dem Kurs musste Lara dann aber leider nach Polen zurück-gehen und ich habe in Deutschland eine Stelle in einem Hotel bekommen. Wir sehen uns also kaum, aber jetzt verbringen wir gerade unseren Urlaub gemeinsam. Das ist schön! Mal sehen, was uns die Zukunft bringt.

2 _____

Sangmin aus Süd-Korea: Auf dem Foto ist mein Sohn Mino drei Jahre alt.
10 Jetzt ist er schon vier. Mino ist in Korea geboren. Als er 18 Monate alt war, sind wir nach Deutschland gekommen. Ich arbeite jetzt in Hamburg als Ingenieur und entwickle bei einer großen Firma Elektromotoren. Das Foto habe ich bei einem Kollegen in Hamburg gemacht. Er ist Deutscher und hat mich und meine Familie oft eingeladen. Durch ihn haben wir viel über die Stadt und Deutsch-
15 land gelernt. Er hat auch einen kleinen Sohn, Ole. Mino und Ole waren von der ersten Sekunde an beste Freunde.

3 _____

Márton aus Ungarn: Meine Oma Ágnes ist 95 Jahre alt geworden. Auf dem Foto ist sie aber erst 80 Jahre alt. Ich habe sie sehr geliebt. Sie hat in einem kleinen Dorf an der ukrainischen Grenze gewohnt. Mein Opa ist schon früh
20 gestorben und sie musste allein mit ihren vier Kindern auf dem Bauernhof leben und arbeiten. Sie war eine starke Frau. Drei Kinder sind später in ver-schiedene Städte gezogen. Aber der jüngste Sohn, mein Vater, hat den Bauern-hof übernommen und wir haben mit Oma zusammengelebt. Sie hat bis zuletzt mitgeholfen und auf uns Kinder aufgepasst. Sie hat die Tiere versorgt und für
25 uns alle gekocht. Seit fünf Jahren ist Oma Ági nun tot. Ich vermisse sie sehr.

4 _____

Julia aus Deutschland: Meine beste Freundin Katrin und ich kennen uns schon seit der Kindheit. Katrin hat im Haus nebenan gewohnt, wir sind in denselben Kindergarten und später in dieselbe Klasse gegangen. Nach der Schule haben wir dann stundenlang telefoniert oder uns auf der Straße zum
30 Spielen getroffen. Mit niemandem konnte ich so viel lachen wie mit Katrin. Später haben wir uns in dieselben Jungen verliebt und viel Quatsch zusammen gemacht. Nach dem Abitur ist Katrin nach Berlin gezogen und hat dort eine Lehre als Friseurin gemacht. Ich bin hiergeblieben, habe studiert, geheiratet und Kinder bekommen. Auf einmal hatten wir keinen Kontakt mehr – zehn
35 Jahre lang! Vor vier Jahren haben wir uns zufällig in einem Lokal getroffen und seitdem sind wir wieder beste Freundinnen. Das Foto zeigt Katrin bei unserer letzten Silvesterparty.

b Lesen Sie die Texte noch einmal. Was erfahren Sie über die Personen? Sammeln Sie vier Informationen zu jeder Person. Vergleichen Sie dann mit Ihrer Partnerin / Ihrem Partner.

letztes Jahr im
Deutschkurs kennengelernt

Tim und Lara   Sangmin und Mino   Márton und Ágnes   Julia und Katrin

Lara: nett und lustig

Tim und Lara haben sich letztes Jahr im Deutschkurs kennengelernt.

Ja, und Lara ist nett und lustig und ...

SCHON FERTIG?
Zeigen Sie: Dieses Foto ist Ihnen wichtig. Warum? Erzählen Sie.

A2 Suchen und markieren Sie die Wörter in A1. Ergänzen Sie dann in der richtigen Form.

WIEDERHOLUNG

Perfekt		
	haben/sein + ge...t/en	
machen	ich	*habe gemacht*
lernen	ich	
treffen	wir	
kommen	wir	
	haben/sein + ...ge...t/en	
kennenlernen	ich	
einladen	er	
	haben/sein + ...t/en	
bekommen	ich	
	haben/sein + ...iert	
telefonieren	wir	
studieren	ich	

Präteritum ⚠		
müssen	ich	*musste*
können	ich	
sein	wir	
haben	wir	

SCHON FERTIG? Suchen Sie in den Texten in A1 noch mehr Beispiele wie in der Tabelle.

A3 Diese Menschen sind mir wichtig!

a Schreiben Sie sechs Sätze über sich wie im Beispiel.

ICH

bin das einzige Kind von Astrid und Erik.
bin Oscars und Elsas Mutter.
bin Klaras Nachbarin – seit über 20 Jahren.
bin Selmas liebste Kollegin.
bin seit 25 Jahren Gustavs Ehefrau.
bin Sigrids beste Freundin.

b Lesen Sie Ihre Sätze in a noch einmal und markieren Sie die Personen in vier Farben:

– Wer ist am ältesten und am jüngsten?
– Wer wohnt am weitesten entfernt?
– Mit wem telefonieren Sie am meisten?

c Stellen Sie Ihrer Partnerin / Ihrem Partner Ihren Text vor. Sie/Er stellt Fragen zu den Personen.

B Dir ist es egal, **dass** …

6 ◀)) 29 **B1 Ergänzen Sie das Gespräch mit *weil – wenn – dass*.**
Hören Sie dann und vergleichen Sie.

◆ <u>Wenn</u> ich mein Handy nicht dabeihabe, fühle ich mich unwohl.

○ Warum?

◆ _____ ich dann nicht erreichbar bin.

○ Warum musst du erreichbar sein?… Ich bin ja da.

◆ Glaubst du, _____ mich sonst niemand anruft?

○ Im Gegenteil. Dich ruft alle fünf Minuten jemand an. Deshalb finde
ich es ja so gut, _____ du das Ding mal nicht dabeihast.

◆ So? Und das Foto? Dir ist es egal, _____ ich das nicht machen kann?

○ Hier. Nimm mein Handy.

WIEDERHOLUNG	Satzverbindungen
	wenn …
	weil …
	dass …

B2 Streit unter Paaren

a Was meinen Sie? Worüber streiten Paare am häufigsten? Ordnen Sie zu.

> Geld   zu wenig gemeinsame Zeit   Kindererziehung   Familie/Schwiegereltern
> Aufgabenverteilung im Haushalt   Partnerin/Partner hört nicht richtig zu   Freizeitgestaltung und Hobbys

Darüber streiten Paare in Deutschland

Platz 1 _____   Platz 5 _____

Platz 2 _____   Platz 6 _____

Platz 3 _____   Platz 7 _____

Platz 4 _____

b Vergleichen Sie mit den Ergebnissen einer Meinungsumfrage (Seite 175).
Was hat Sie überrascht? Sprechen Sie im Kurs.

B3 Streitgespräche

6 ◀)) 30–32 **a** Hören Sie die Gespräche. Um welche Themen geht es? Kreuzen Sie an.

	Zeit	Handy	Geld
1 Karina und Michael	○	○	○
2 Silvia und Simon	○	○	○
3 Julia und Paul	○	○	○

b Schreiben Sie mit Ihrer Partnerin / Ihrem Partner zu jedem Gespräch
zwei Sätze mit *wenn, weil* oder *dass.* Vergleichen Sie dann mit einem
anderen Paar.

Michael	findet es nicht gut,	wenn …
Silvia	ärgert sich,	weil …
Paul	findet,	dass …
	meint,	

> Michael ärgert sich, dass Karina
> das Handy nicht ausmacht.

⇆ **B4 Ihre Meinung?**
Wen verstehen Sie besser? Michael oder Karina?
Silvia oder Simon? Julia oder Paul?
Sprechen Sie in kleinen Gruppen.

> Also, ich verstehe Karina sehr
> gut. Warum ärgert sich Michael,
> wenn sie auf ihr Handy schaut?

> Warum legt
> Karina ihr Handy
> nicht mal weg? …

6 ◀)) 33–35 ## C1 Lieblingsorte

a Hören Sie drei Interviews. Was sind die Lieblingsorte der Personen? Ordnen Sie zu.

1 Sandy

2 Lara

3 Amaniel

	Foto
Sandy	
Lara	
Amaniel	

A

B

C

b Hören Sie noch einmal und notieren Sie Stichworte.

	Sandy	Lara	Amaniel
Lieblingsort?	Wiener Platz		
Warum Lieblingsort?	besonders schön, ...		
Wie oft schon dort?			

C2 Ein Urlaubstag für dich!

a Planen Sie einen Tag für Ihre Partnerin /
Ihren Partner und notieren Sie.

– Wo könnte sie/er hingehen?
– Was sollte sie/er dort machen?

	Wo?	Was?
vormittags	Flohmarkt	günstige Sachen kaufen
mittags ...		

b Ein Satz in jeder Spalte passt nicht. Streichen Sie ihn und ordnen Sie richtig zu.

einen Vorschlag machen / Ratschlag geben	positiv reagieren ☺	negativ reagieren ☹
Du solltest unbedingt ... ansehen.	Super! Gute Idee.	Ach, ich würde eigentlich
Du könntest abends ins Kino /... gehen.	Das finde ich toll.	lieber ...
~~Das ist keine gute Idee.~~	Schade, da kann ich leider	Also, ich weiß nicht. Das
Geh/Fahr doch zu/zum/zur ...	nicht.	finde ich nicht so interessant.
Wie wäre es mit einem Flohmarkt/...?	Das mache ich gern.	Das ist doch langweilig.
Ich habe da einen Vorschlag:	Das ist ein toller Vorschlag.	Ich finde das nicht so gut.
... ist wirklich toll.	Einverstanden.	Okay, das machen wir.
Vielleicht hast du Lust auf ...?		*Das ist keine gute Idee.*

c Stellen Sie Ihrer Partnerin / Ihrem Partner Ihren Plan vor.
Wie findet sie/er ihn? Verwenden Sie Sätze aus b.

> *Vormittags könntest du zum Floh-
> markt am Bahnhof gehen. Da ...*

> *Gute Idee!*

WIEDERHOLUNG

Konjunktiv II: Ratschlag, Vorschlag
Du solltest/könntest
... ansehen. / ins Kino gehen.

D Kosenamen

D1 Ordnen Sie zu.

○ das Haus
○ das Häuschen
○ die Maus
○ das Mäuschen

1   2   3   4

D2 Was meinen Sie? Was sind typische Kosenamen? Kreuzen Sie an.
Lesen Sie dann den Text in D3 und vergleichen Sie.

○ • der Esel   ○ • das Bärchen   ○ • der Schatz   ○ • der Drache   ○ • der Engel

D3 Lesen Sie den Text noch einmal und ordnen Sie zu.

Süße   Bärchen   Prinzessin   ~~Schätzchen~~   Dickerchen

> der Kosename, -n: liebevolle Anrede für den Partner und für Familienmitglieder

„Sag mir was Nettes" – Deutsche zeigen bei Kosenamen wenig Fantasie.
Die Deutschen sind bei der Wahl von Kosenamen eher einfallslos: Fast jeder Zweite nennt seinen Partner oder seine Partnerin *Schatz,* _Schätzchen_ oder *Liebling.* Auch Kosewörter aus der Tierwelt, wie _____, *Häschen* oder *Mausi* sind sehr populär. Oder aber der Kosename steht für bestimmte Eigenschaften: Der etwas runde Mann wird
5   schnell zum _____, der starke Raucher zum *Stinkerchen,* die schöne Frau zu *meine Schöne.* Beliebt sind außerdem – vor allem bei Männern – Begriffe aus den Bereichen Märchen und Essen wie _____, *Engelchen* oder _____. Aber Vorsicht! Welcher Mann findet es schon lustig, wenn seine *Mausi* ihn vor den Arbeitskollegen *Dickerchen* nennt? Kosenamen sind reine Privatsache! Übrigens: Eine Befragung hat gezeigt,
10   dass viele Leute dankbar sind, wenn ihr Partner sie einfach mit ihrem richtigen Namen anspricht, denn sie empfinden Kosenamen oft als unangenehm oder respektlos.

> **SCHON FERTIG?** Sammeln Sie Kosenamen in Ihrer Sprache und übersetzen Sie sie.

D4 Suchen Sie passende Wörter in D3 und ergänzen Sie.

WIEDERHOLUNG	Wortbildung		
	-bar, -ig, -los, un-	-er, -in, -ung, -e	... + ...
	danken – *dankbar*	rauchen –	die Arbeit + der Kollege –
	die Lust –	der Partner –	
	der Einfall –	befragen –	das Tier + die Welt –
	angenehm –	schön –	

D5 Welche Gruppe findet in zehn Minuten die meisten Wörter? Suchen Sie auch im Wörterbuch.

-ung   -er   -chen   -in   -ig   -bar   -los   un-

E1 Wünsche und Träume

Was passt? Ordnen Sie zu.

1 Das wünsche ich mir jetzt gleich!
2 Das wünsche ich mir für die Zukunft!
3 Wenn ich noch einmal zwanzig wäre ...

○ Ich würde gern sehr gut Deutsch sprechen!
Ich wäre gern verheiratet!
Ich wünsche mir viele Kinder!
Ich möchte einen guten Beruf erlernen.
Ich würde durch die Welt reisen.

① Ich würde jetzt gern einen Spaziergang machen.
Ich wäre am liebsten den ganzen Tag mit Tim zusammen.
Ich hätte gern viel mehr Zeit!
Ich würde jetzt am liebsten nichts planen.

○ würde ich viel mehr Eis essen!
wäre ich öfter mit meinen Freunden zusammen!
würde ich öfter Karussell fahren.
hätte ich gern ein Haustier.
würde ich das Leben nicht so ernst nehmen.

WIEDERHOLUNG

Konjunktiv II· Wünsche
Ich **würde** gern gut Deutsch sprechen.
Ich **wäre** gern verheiratet.
Ich **hätte** gern ein Haustier.
Ich **möchte** einen Beruf erlernen.

⇄ E2 Meine Wünsche

a Welche Wünsche haben Sie auch? Markieren Sie
in E1. Welche Wünsche haben Sie noch?
Notieren Sie.

b Schreiben und malen Sie Ihre Traumblase
und hängen Sie sie im Kursraum auf.

Meine Wünsche

Ich hätte gern ein bequemes Sofa.
Ich wünsche mir und meiner
Familie Gesundheit.
Ich wäre gern jünger.
...

Grammatik und Kommunikation

Grammatik

1 Wiederholung: Perfekt ÜG 5.03, 5.04, 5.05

regelmäßige und unregelmäßige Verben	trennbare Verben
gemacht	kennengelernt
getroffen	eingeladen

nicht-trennbare Verben	Verben auf -ieren
bekommen	telefoniert
	studiert

2 Wiederholung: Präteritum ÜG 5.06

	sein	haben	wollen	dürfen	können	müssen
ich/er/sie	war	hatte	wollte	durfte	konnte	musste

3 Wiederholung: Satzverbindungen mit *wenn – weil – dass*
ÜG 10.06, 10.08, 10.09

Ich fühle mich unwohl,	wenn	ich mein Handy nicht dabeihabe.
Ich fühle mich unwohl,	weil	ich dann nicht erreichbar bin.
Dir ist es egal,	dass	ich das nicht machen kann?

4 Wiederholung: Konjunktiv II ÜG 5.17

Wunsch	Vorschlag
Ich hätte (gern) …	Wir könnten … rausgehen.
Ich wäre (gern) …	Ratschlag
Ich möchte …	Du solltest … ansehen.
Ich würde (gern) …	

5 Wiederholung: Wortbildung ÜG 11.01, 11.02

Adjektive	Nomen
Nomen/Verb → Adjektiv danken → dankbar Lust → lustig Einfall → einfallslos	**Komposita: Nomen + Nomen** die Arbeit + der Kollege → der Arbeitskollege
Adjektiv → Adjektiv angenehm → unangenehm	**Nomen → Nomen** Partner → Partnerin Bär → Bärchen
	Verb → Nomen rauchen → Raucher befragen → Befragung
	Adjektiv → Nomen schön → die/der Schöne

Das war ein schöner Tag! Was haben Sie gemacht? Schreiben Sie fünf Sätze.

> Gestern war so ein schöner Tag! Ich bin schon ganz früh aufgestanden. …

Ergänzen Sie die Sätze.

Ich singe laut, wenn _____

Ich freue mich, weil _____

Ich bin der Meinung, dass _____

> Ich wäre wirklich gern verheiratet.

Erfinden Sie drei Kosenamen mit -chen.

> Dickerchen, …

Kommunikation

VORSCHLÄGE MACHEN: Du solltest unbedingt …

Du solltest unbedingt … ansehen.
Du könntest abends ins Kino / zum Essen / … gehen.
Geh / Fahr doch zu / zum / zur …
Wie wäre es mit einem Flohmarkt / …?
Ich habe da einen Vorschlag: … ist wirklich toll.
Vielleicht hast du Lust auf …?

EINEN VORSCHLAG ANNEHMEN: Das finde ich toll!

Super! Gute Idee. | Das finde ich toll.
Das mache ich gern. | Das ist ein toller Vorschlag.
Einverstanden. | Okay, das machen wir.

EINEN VORSCHLAG ABLEHNEN: Also, ich weiß nicht.

Ach, ich würde eigentlich lieber …
Also, ich weiß nicht. Das finde ich nicht so interessant.
Das ist doch langweilig. | Ich finde das nicht so gut.
Schade, da kann ich leider nicht. | Das ist keine gute Idee.

SICH ETWAS WÜNSCHEN: Ich möchte …

Ich wünsche mir … | Ich möchte …
Ich hätte gern … | Ich wäre gern …
Ich würde gern …

Ihre Freundin / Ihr Freund
hat heute auf nichts Lust.
Was schlagen sie ihm/ihr vor?

Du könntest heute
…

Sie möchten noch mehr üben?

6 | 36–38
AUDIO-
TRAINING

VIDEO-
TRAINING

Lernziele

Ich kann jetzt …

A … über mich und wichtige Personen in meinem Leben
   sprechen: *Ich bin Oscars und Elsas Mutter.* _____ ☺ ☹ ☹

B … Streitgespräche verstehen und über Konflikte sprechen:
   Warum legt Karina ihr Handy nicht mal weg? _____ ☺ ☹ ☹

C … Vorschläge machen und darauf reagieren:
   Wie wäre es mit einem Flohmarkt? _____ ☺ ☹ ☹

D … deutsche Kosenamen verstehen: *Schätzchen …* _____ ☺ ☹ ☹

E … über Wünsche und Träume sprechen:
   Ich würde jetzt gern einen Spaziergang machen. _____ ☺ ☹ ☹

Ich kenne jetzt …

… je 3 Wörter mit -ung/-bar/-los/
 -er/-ig/un-/-chen:

_____

_____

_____

_____

Lösung zu Seite 170, Übung B2:
1 Aufgabenverteilung im Haushalt / 2 zu wenig gemeinsame Zeit / 3 Partnerin/Partner hört nicht richtig zu /
4 Geld / 5 Freizeitgestaltung und Hobbys / 6 Kindererziehung / 7 Familie/Schwiegereltern

Alles, nur nicht stehen bleiben, Birgitta!

BIRGITTA SCHULZE UND SIEBEN ABSCHNITTE AUS 76 LEBENSJAHREN

Mit 16 hast du natürlich Träume.
Ich wollte zum Theater. Aber meine Mutter konnte die Schauspielschule nicht bezahlen. Mein Vater ist im Krieg gefallen und wir waren fünf Geschwister.

Mit 26 habe ich das dritte Kind bekommen.
Damals war das ganz normal, viele haben jung geheiratet. Ernst, mein Mann, ist fast zehn Jahre älter als ich. Er war Beamter im Finanzamt und ich habe mich um die Kinder und den Haushalt gekümmert.

Mit 36 war ich oft müde.
So ein Leben als Hausfrau und dreifache Mutter kann wirklich ganz schön anstrengend sein. Ich habe gedacht: Wenn die Kinder aus dem Haus sind, kommt auch wieder eine leichtere Zeit.

Mit 46 waren die Kinder weg.
Damals ist es mir richtig schlecht gegangen. Ich hatte Depressionen. Ich hatte keine Idee, was ich jetzt noch machen sollte. Mein Leben hat auf einmal stillgestanden.

Mit 56 ging es mir wieder besser.
Die Krise war vorbei und ich hatte neue Aufgaben: Ich war aktives Mitglied bei „Amnesty International" und in unserem Kulturverein. Und dreifache Oma war ich auch!

Mit 66 habe ich mich prima gefühlt.
Mein Mann und ich sind viel gereist. Und ich habe die wachsende Familie genossen, wir hatten ja nun schon fünf Enkelkinder. Mein Jugendtraum ist auch wahr geworden: Ich habe eine nette Theatergruppe gefunden.

Heute bin ich 76 und habe Probleme mit der Gesundheit.
Theater kann ich leider nicht mehr spielen, aber das Leben liebe ich noch immer! Vor vier Jahren hatten mein Mann und ich Goldene Hochzeit*. Ist es nicht ein großes Glück, wenn man zusammen alt werden darf?

* „Goldene Hochzeit" feiert ein Ehepaar, wenn es 50 Jahre lang verheiratet ist.

1 Lesen Sie den Text. Was wissen Sie über Birgitta Schulze? Ergänzen Sie.

Sie ist heute _____ Jahre alt. Sie hat _____ Geschwister.

Ihr Mann heißt _____ und war _____ von Beruf.

Sie hat _____ Kinder. Sie hat _____ Enkelkinder. Sie ist seit _____ Jahren verheiratet.

Ihr Hobby war _____ . Sie war Mitglied bei _____

und im _____ .

2 Was haben Sie in diesem Alter erlebt oder was planen Sie für diesen Lebensabschnitt?
Erzählen Sie im Kurs.

Mit 16 …
Mit 26 …
Mit 36 …
Mit 46 …
Mit 56 …
Mit 66 …
Mit 76 …

> Mit 16 hatte ich einen Traum: Ich wollte eine Reise um die ganze Welt machen.
> Mit 26 habe ich geheiratet und bin nach Bremerhaven gezogen.
> Mit 46 hätte ich gern ein eigenes Haus mit Garten.
> Mit 66 werde ich meine Weltreise endlich machen.
> Mit 76 würde ich gern auch noch so glücklich sein wie Birgitta.

PROJEKT

Wir haben es geschafft, Leute!

> A1 war nur der Anfang,
> ich weiß es noch wie heute.
> Jetzt haben wir A2!
> Ist das nicht super, Leute?

Herzlichen Glückwunsch!

Sie haben das Sprachniveau A2 erreicht und können die deutsche Sprache jetzt schon richtig gut verstehen, sprechen und schreiben. Wie gut? Na, das können Sie allen im Kurs zeigen. Schreiben Sie ein Gedicht oder lernen Sie ein deutschsprachiges Lied. Arbeiten Sie zu zweit oder in kleinen Gruppen und präsentieren Sie Ihre Ergebnisse dann im Kurs.

> Wir haben das geschafft:
> A1 und auch A2.
> Jetzt holen wir uns B1!
> Seid ihr auch mit dabei?

Ein paar Tipps:
Ihr Gedicht soll mindestens vier Zeilen haben und nicht mehr als zwölf. Sie können Ihr Gedicht auswendig vortragen oder ablesen. Ihr Lied kann ein bekannter Popsong sein, ein Rap, ein Kinderlied, was Sie möchten. Im Internet finden Sie viele deutschsprachige Lieder und Liedtexte. Es macht nichts, wenn Sie noch nicht alle Wörter kennen. Sehen Sie im Wörterbuch nach oder singen Sie mit.

Quellenverzeichnis

Kursbuch

Cover: Bernhard Haselbeck, München   U2: © Digital Wisdom   S. 9: Ü3, Ü4: Gerd Pfeiffer, München   S. 12: A2: Frau: Christopher Claus, München; A3: A © Thinkstock/iStock/XiXinXing; B © Thinkstock/iStock/Daniel Ernst; C © Thinkstock/iStock/Alen-D; D © BananaStock; E © Thinkstock/iStock/palomadelosrios   S. 13: B2: Frau: Christopher Claus, München   S. 14: C1: B © Thinkstock/iStock/Pixsooz   S. 15: D1: Tür, Anna © Thinkstock/iStock/JackF; Großeltern © Thinkstock/iStock/bitter-closed; Stefan/Daniela © Thinkstock/Photodisc/Buccina Studios; Annette/Martin © MEV/Witschel Mike; Maria © plainpicture/Serny Pernebjer; Alexander © Thinkstock/iStock/LDProd; Ringe: Michael Mantel, Barum; Julia © PantherMedia/Jasper Grahl; Esther © Thinkstock/iStock/MilaSemenova; Luca © Thinkstock/Photick/Frederic Cirou; D3: Handy © Thinkstock/iStock/chaofann; Mann © iStock/PhotonStock   S. 16: E2: © Thinkstock/iStock/IPGGutenbergUKLtd   S. 17: 2 © Thinkstock/Design Pics; 3 © Thinkstock/iStock/DGLimages; 4 © Thinkstock/Photodisc/Ryan McVay; 5 © Thinkstock/Purestock   S. 20: Ü1: Harry © Thinkstock/iStock/Christopher Futcher; Frau Paschke © iStock/Izabela Habur; Ü2: Handy © Thinkstock/iStock/chaofann; Literaturhaus © iStock/Meinzahn   S. 21: Film: Franz Specht, Weßling; Landeskunde © Thinkstock/iStock/Nixken   S. 22: Ü1: A © Thinkstock/iStock/Harvepino; B © Thinkstock/Wavebreak Media   S. 24: Illus Würfel Wechselpräpositionen: Gisela Specht, Weßling   S. 25: B4: Handy © Thinkstock/iStock/chaofann   S. 27: D1: A © Thinkstock/iStock/JackF; B © Thinkstock/FogStock/Erik Palmer; C © Thinkstock/Wavebreakmedia Ltd; D: Florian Bachmeier, Schliersee   S. 28: E2: 1 © Thinkstock/iStock/giovannicaito; 2 © Thinkstock/iStock/JMLPYT   S. 29: Illu Smiley Benno © Thinkstock/iStock/Tigatelu; E4: Müll-Detektive nach Dr. Rainer E. Wicke   S. 32: Landeskunde © Thinkstock/iStock/badahos   S. 36: A2: Valeria © Thinkstock/iStock/Maria Volchetskaya; Jan © Thinkstock/iStock/Rozakov; Sören © Thinkstock/iStock/Ozgur Coskun; Arzu © Thinkstock/iStock/vertmedia   S. 39: C4 © Thinkstock/iStock/monkeybusinessimages; C5: süß © Thinkstock/iStock/HandmadePictures; scharf © Thinkstock/iStock/Nikolay Trubnikov; salzig © Thinkstock/Hemera/Vinicius Tupinamba; fett © Thinkstock/iStock/Diana Taliun; sauer © Thinkstock/iStock/monkeybusinessimages   S. 40: Koch © Thinkstock/Hemera/Simone Van den berg; Markt © Thinkstock/iStock/Baloncici   S. 41: © Thinkstock/Fuse   S. 45: Trixie © Thinkstock/Zoonar; Imbiss © mauritius images/Alamy; Frau © Thinkstock/iStock/SnowWhiteimages; Imbiss © Thinkstock/iStock/Travel_Now; Frühlingsrollen © Thinkstock/Stockbyte/George Doyle   S. 46: Frau Bronkhorst © Cem Ok   S. 49: B2 © Thinkstock/iStock/SonerCdem   S. 50: C1 © Thinkstock/Stockbyte/Comstock Images   S. 51: D1: oben © fotolia/contrastwerkstatt; unten © iStock/zoranm   S. 52: E2: Frau © iStockphoto/AVAVA; Auto © Thinkstock/Photodisc/Noel Hendrickson; Kalender © fotolia/RRF   S. 56: Film: Franz Specht, Weßling; Spiel: Koch © Thinkstock/Wavebreak Media; Polizistin © fotolia/Matthias Stolt; Gärtner © Thinkstock/iStock/Ljupco; Sängerin © Thinkstock/iStock/Ron Sumners   S. 58: Tänzer Bild 2 © Thinkstock/Creatas/Jupiterimages; Basketballteam Bild 6 © fotolia/Monkey Business   S. 59: Tänzer Bild 3, 4 © Thinkstock/Creatas/Jupiterimages; Mikro Bild 8 © Thinkstock/Ivary   S. 62: C1: Tänzer Handy © Thinkstock/Creatas/Jupiterimages   S. 63: D1: A © Thinkstock/iStock/imagean; B © Thinkstock/iStock/flytosky11; C © fotolia/Robert Kneschke; D © Thinkstock/iStockphoto; E © Thinkstock/iStock/IPGGutenbergUKLtd; F © Thinkstock/Hemera/Benis Arapovic; G © Thinkstock/iStock/kzenon   S. 64: E1: 1 © Thinkstock/iStock/Martinan; 2 © Thinkstock/Hemera/Jonathan Ross; 3 © iStockphoto/trait2lumiere; 4 © Thinkstock/iStock/soleg   S. 65: Treppe © Thinkstock/sodapix sodapix; Yoga © Thinkstock/iStock/Ammentorp Photography; Rad fahren © Thinkstock/iStock Editorial/MoreISO; laufen © Thinkstock/iStock/lzf   S. 67: © Thinkstock/Hemera/Benis Arapovic   S. 68: © Fupa   S. 69: Projekt © Thinkstock/Wavebreakmedia Ltd; Hören © Thinkstock/iStock/Martinan   S. 71: Karte Bild 7 © Thinkstock/Stocktrek Images   S. 72: A3 © iStock/Susan Chiang   S. 73: B2: Felix © iStock/Juanmonino; Mika © iStockphoto/J-Elgaard; Valentina © Thinkstock/iStock/ASIFE   S. 74: C2: 1 © PantherMedia/Yuri Arcurs; 2 © Thinkstock/iStock/Jan Künzel; 3 © Thinkstock/iStock/Daniel Ernst   S. 75: Foto: Florian Bachmeier, Schliersee   S. 76: Sophie © Thinkstock/iStock/lukas_zb; Dominik © Thinkstock/Purestock; Simon © Thinkstock/iStock/LUNAMARINA; Maria © Thinkstock/moodboard   S. 77: Niklas © Thinkstock/iStock/LivingImages   S. 80: Lied © Thinkstock/iStock/shironosov; Landeskunde © Thinkstock/iStock/Yuri   S. 81: schreiben © Thinkstock/Stockbyte/Jupiterimages; Hund © Thinkstock/iStock/jannabantan; Rad fahren © Thinkstock/Fernow; essen © Thinkstock/Photodisc/Thomas Northcut; schwimmen © Thinkstock/iStock/SerrNovik; Klavier spielen © Thinkstock/Stockbyte/Photodisc; Gitarre spielen © Thinkstock/iStock/Ramonespelt; Müll herausbringen © iStock/Juanmonino; Blätter © iStock/mrPliskin   S. 84: A2 beide © Thinkstock/Purestock   S. 85: B2 © Thinkstock/iStock/Alen-D   S. 86: Smileys: 16:04; 18:45, 20:17, 20:19 © Thinkstock/iStock/yayayoyo; alle anderen © Thinkstock/iStock/Tigatelu; Trauung © iStock/valpasc; Torte © Thinkstock/iStock/JoelBoily; Essen © iStock/RosetteJordaan; Dose © fotolia/euthymia; Walzer © Thinkstock/iStock/Kichigin   S. 87: Smileys: 20:46, 21:11 © Thinkstock/iStock/Tigatelu; alle anderen © Thinkstock/iStock/yayayoyo; Jonas © Thinkstock/Purestock; C3 © Thinkstock/iStock/GeoffGoldswain   S. 88: Gruppe © Thinkstock/iStock/g-stockstudio; Gutschein © Thinkstock/iStock/GeoffGoldswain; Marmelade © iStock/forley; Geld © Thinkstock/iStock/thumb; Trikot © Thinkstock/iStock/Bombaert; Uhr © iStock/ronen   S. 89: E1: 1 © Thinkstock/Hemera/Dmitriy Shironosov; 2 © iStock/monkeybusiness/images   S. 92: Fotos: Kraus Film, München   S. 96: A2: © Thinkstock/iStock/felixmizioznikov; B © Thinkstock/iStock; C © Thinkstock/Blend Images/JGI   S. 97: Anna © Thinkstock/iStock/dolgachov; Lorenzo © Thinkstock/iStock/bst2012; Agnieszka